Pocket Power

Karl W. Wagner
Matthias Zacharnik

Qualitätsmanagement für KMU

Qualität
sensibilisieren – realisieren – leben

HANSER

Management und Qualität!

www.qm-infocenter.de – das führende Fach-Portal bietet Ihnen umfassende Informationen:

- **Exklusiv:** Das Online-Archiv der Zeitschrift QZ Qualität und Zuverlässigkeit!
- **Richtungweisend:** Fach- und Brancheninformationen stets top-aktuell!
- **Informativ:** News, wichtige Termine, Bookshop, neue Produkte und der Stellenmarkt

Click for Competence!

QM INFOCENTER

www.qm-infocenter.de

Inhalt

Wegweiser — 4

1 Einleitung — 5
1.1 Die Phasen des QM — 7
1.2 Die Dimensionen der Qualität — 8

2 Qualitätsmanagement für KMU — 12
2.1 Was ist Qualität? — 14
2.2 Was ist ein QMS? — 21
2.3 Besonderheiten der KMU — 22

3 Für Qualität sensibilisieren — 23
3.1 Qualität der Potenziale — 24
3.2 Qualität der Prozesse — 46
3.3 Qualität der Produkte — 56

4 Qualität realisieren — 71
4.1 Qualität der Potenziale — 71
4.2 Qualität der Prozesse — 84
4.3 Qualität der Produkte — 90

5 Qualität leben — 92
5.1 Qualität der Potenziale — 92
5.2 Qualität der Prozesse — 107
5.3 Qualität der Produkte — 120

Literatur — 125

Wegweiser

Dieses Buch wendet sich an Praktiker. Die folgenden drei Symbole führen Sie schnell zum Ziel:

Dieses Symbol markiert **Anwendungstipps:** Hier erfahren Sie, wie Sie bei der Umsetzung am besten vorgehen.

Hier geben wir Ihnen **Praxisbeispiele,** die zeigen, wie die Thematik von anderen konkret umgesetzt wird.

Wo Sie dieses Symbol sehen, weisen wir Sie auf **Hürden und Hindernisse** hin, die einer Umsetzung erfahrungsgemäß oft im Wege stehen.

1 Einleitung

Qualitätsmanagement auf den Punkt gebracht bedeutet: Kunden-, Mitarbeiter-, Prozessorientierung, präventives Verhalten und ständige Verbesserung. Diese fünf Aspekte sind nicht nur an einer Hand abzählbar, sondern auch die Basis für jedes erfolgreiche Unternehmen.

Heute gehören nachgewiesene Qualitätsmanagementsysteme (QMS) in fast jeder Branche zum guten Ton und werden von einem Großteil der Kunden auch explizit gefordert. Die Mehrzahl großer Unternehmen verfügt über zertifizierte Qualitätsmanagementsysteme nach standardisierten Normensystemen wie beispielsweise ISO 9001:2000 oder ISO/TS 16949.

Kleinere und mittlere Unternehmen (KMU) folgen diesem Trend. Sie streben in immer stärkerem Maße den Aufbau und die Zertifizierung von QMS an und weisen damit ihre konsequente Qualitätsarbeit nach. Größtes Problem der KMU in diesem Zusammenhang ist die, im Vergleich zu großen Unternehmen, knappere Personalressource. Das bedeutet für Qualitätsbeauftragte in KMU, dass die QMS-bezogenen Aufgaben neben der operativen Aufgabenvielfalt bewältigt werden müssen. Wird diese Tatsache nicht schon in der Planung des QMS berücksichtigt, sind negative Auswirkungen unvermeidbar: Das QMS wird zu groß, zu komplex (unübersichtlich) und zu kompliziert (unverständlich). Resultat: verschwendete Zeiten, blanke Nerven, frustrierte Mitarbeiter und enttäuschte Kunden mit der unerfreulichen Konsequenz, dass das QMS mehr kostet als es bringt.

Das muss nicht sein: Dieses Buch zeigt, wie das QMS der KMU wirksam und wirtschaftlich gestaltet und gelebt werden kann!

Das Konzept dieses Buches trägt einerseits dem Lebenszyklus eines Qualitätsmanagementsystems durch die drei Phasen „Für Qualität sensibilisieren", „Qualität realisieren" und „Qualität leben" Rechnung. Andererseits gilt es für die drei, später noch eingehend erläuterten, Qualitätsdimensionen (Potenziale, Prozesse und Produkte) unterschiedliche Ansprüche hinsichtlich des Lebenszyklus des QMS zu berücksichtigen. Es ergibt sich also ein drei mal drei Raster bestehend aus insgesamt neun Rastersegmenten. Jedes Segment beinhaltet wichtige Themen, praktische Methoden und nützliche Werkzeuge die das QMS weiter vorantreiben (Bild 1).

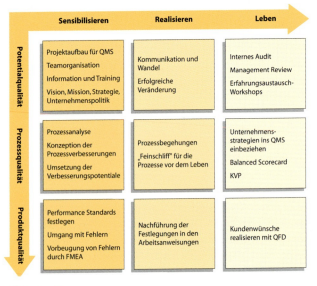

Bild 1: *Buchkonzept*

Anspruch dieses Buches ist es, sowohl dem erfahrenen Qualitätsmanager als auch dem Neueinsteiger ein kompaktes Nachschlagewerk in die Hand zu legen.

1.1 Die Phasen des QM

1.1.1 Für Qualität sensibilisieren

Um Qualität nicht nur per Zufall, sondern systematisch zu erzeugen, gilt es ein System zur Sicherstellung der Qualität auf Schiene zu setzen. Entscheidend hierbei ist die Sensibilisierung der Mitarbeiter für Qualitätsbelange. Mit der richtigen Aufbauplanung des QMS kann in dieser Phase bereits viel an Bewusstsein geschaffen und für das Projekt viel gewonnen werden. Wie ist vorzugehen, um Qualität in die Köpfe und Herzen der Menschen zu bringen?

Wie ist das Aufbauprojekt für ein QMS zu planen, wie sind die Zielsysteme zu gestalten, wie werden die Mitarbeiter einbezogen und welche weiteren Themen müssen abgehandelt werden, um der Qualität der Potenziale, Prozesse und Produkte den entscheidenden Nutzen zu bringen?

1.1.2 Qualität realisieren

Der Aufbau des QMS macht sich für Mitarbeiter schnell bemerkbar. Es greifen neue Regeln und Methoden, es entstehen Prozessbeschreibungen und nicht zuletzt Dokumentationen und Aufzeichnungen. Nur: Mit Festlegungen alleine ist es naturgemäß nicht getan, das gesamte QMS muss auch gelebt werden. Wie ist der „Startschuss" zu gestalten, wie sind die Menschen zu gewinnen und wie ist mit eventuellem Widerstand umzugehen, welche Hürden sind zu überwinden und worauf ist Acht zu geben?

1.1.3 Qualität leben

Da sich die Anforderungen der Kunden und des Marktes permanent weiterentwickeln, ist das Thema Qualität immer wieder neu zu überdenken und den internen und externen Gegebenheiten und Anforderungen anzupassen. Qualität muss also permanent einem Analyse-, Planungs- und Umsetzungszyklus unterworfen werden. Welche Schritte sind im Leben eines QMS zu setzen, um dieses weiterzuentwickeln, und welche Methoden und Werkzeuge können hierfür nutzbringend angewendet werden?

1.2 Die Dimensionen der Qualität

Dimensionen der Qualität

Die Qualität der Produkte und Dienstleistungen werden durch die Ansprüche der Kunden und des Marktes gesteuert. Der geforderte Qualitätsanspruch an Produkte und Dienstleistungen stellt wiederum Bedingungen an die Prozesse des Unternehmens. Um die Prozesse marktgerecht zu betreiben, muss passendes Potenzial vorhanden sein [Bleicher, K.]. Dieser Gedanke führt zu den drei Dimensionen der Qualität, auch als die Dreifaltigkeit der Qualität genannt.

Die Dreifaltigkeit der Qualität macht bewusst, dass Qualität vielschichtiger verstanden werden muss als nur als das Ergebnis einer Tätigkeit. Qualität fängt schon im richtigen Denken und in der unbewussten Einstellung eines Menschen an. Dies beeinflusst selbstverständlich die Prozesse und deren Qualität und mündet letztlich in den Produkten und Dienstleistungen (Bild 2).

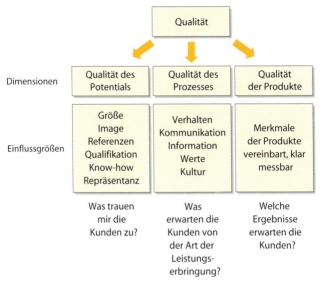

Bild 2: *Dimensionen der Qualität*

1.2.1 Qualität der Potenziale

Die Potenziale eines Unternehmens geben Auskunft auf die Frage: „Was trauen mir die Kunden zu?" Vertrauen entsteht durch die systematische Pflege der Potenziale:

- Kenntnisse, Fähigkeiten, Fertigkeiten der Menschen
- Wissenssammlung, Wissensverteilung und die Fähigkeit, altes Wissen abzustoßen
- Innovationskraft, Engagement
- Kapazitäten von Infrastruktur, Maschinenpark und Personal sowie deren Fähigkeit, auch zukünftige Entwicklungen zu bewältigen

- öffentlicher Auftritt und Marketing sowie der Umgang mit kritischen Situationen
- Referenzen und Standorte

1.2.2 Qualität der Prozesse

Um Produkte zu erstellen und Dienstleistungen zu erbringen, werden Prozesse durchlaufen. Diese wirken sich direkt auf die Qualität der Produkte und Dienstleistungen aus. Gute Prozesse führen nicht nur zu guten Produkten und Dienstleistungen, sondern machen diese vor allem wirtschaftlich. Entscheidend dabei sind, gerade in KMU, die Mitarbeiter sowie die Kultur des Unternehmens.

Welche Leistung erbringt der Prozess hinsichtlich seiner Ziele und Vorgaben?

- Fehlerfreiheit
- Verlässlichkeit und Vorhersagbarkeit
- Standardisierung
- Steuerbarkeit
- Kosten
- Sicherheit und Verlässlichkeit
- Geschwindigkeit
- Anwenderfreundlichkeit
- Flexibilität
- Kommunikationsverhalten
- Reaktionsgeschwindigkeit
- Sicherheit

1.2.3 Qualität der Produkte/Dienstleistungen

Welche Ergebnisse liefern die Prozesse, wie erfüllen diese die Ziele und Vorgaben und wie nimmt der Kunde die Leistung wahr?

- Lebensdauer, Haltbarkeit, Nachhaltigkeit
- Ökologische Verträglichkeit
- Fehlerfreiheit, Fehlervermeidung (Fehlerkosten, Qualitätskosten)
- Design, Auftritt, Optik, Haptik
- Erfüllung der Kundenanforderungen und daraus resultierende Kundenzufriedenheit
- Produktionskosten
- Innovationszyklus
- Antizipation zukünftiger Entwicklungen in Gesellschaft, Legislative und Technik

2 Qualitätsmanagement für KMU

Langfristige Qualität zu erzielen bedeutet, alle Tätigkeiten und Abläufe konsequent und in kleinen Schritten weiter zu verbessern. Hinter dieser Grundhaltung verbirgt sich der Deming-Kreis (Plan-Do-Check-Act). Er besagt, dass ständige Verbesserung nur dann realisierbar ist, wenn jeder Handlung ein Planungsprozess vorangeht. Ist die Planung abgeschlossen, so muss die Durchführung gemäß den geplanten Inhalten vollzogen werden. Auf die Durchführung folgt der Check, die Kontrolle, zur Überprüfung der Erreichung der geplanten Ziele. Der letzte Schritt besteht aus der Analyse der Ursachen für die Nichterreichung der Ziele und ist Ausgangspunkt für die weitere Verbesserung der ursprünglichen Handlung. Diese Verbesserungsmaßnahmen müssen auch wieder geplant werden, und so dreht sich das PDCA-Rad kontinuierlich weiter.

WORUM GEHT ES?

Ständige Verbesserung: PDCA

Plan: Denke nach, bevor du eine Handlung setzt, und plane voraus.
Do: Führe die Handlung so aus, wie du diese geplant hast.
Check: Überprüfe, ob du die Ziele erreichen konntest, sammle Daten.
Act: Analysiere die Ursachen für die Nichterreichung der Ziele und lege Maßnahmen fest.

WAS BRINGT ES?

Der PDCA-Kreislauf, auch als Deming-Kreis nach Walter Edwards Deming benannt, stellt die vier Aspekte des Qualitätsmanagements in einen dynamischen Zusammenhang. Interessant dabei ist die universale Gültigkeit dieses Prinzips für alle beruflichen, unternehmerischen, sportlichen und privaten Belange. Der PDCA-Kreislauf fokussiert die Prinzipien des Qualitätsmanagements auf ein leicht verständliches und schnell erklärbares Modell (Bild 3).

Bild 3: *PDCA-Kreislauf [Deming, W. E.]*

2.1 Was ist Qualität?

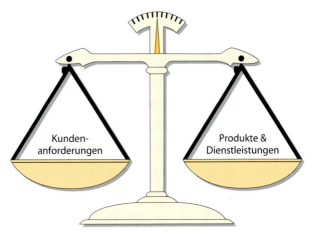

Bild 4: *Qualitätswaage*

WORUM GEHT ES?

Qualität

Es gibt viele Möglichkeiten den Begriff Qualität zu definieren. Die Qualitätswaage (Bild 4) ist der Klassiker unter den Definitionen. Demnach ist Qualität dann gegeben, wenn sich die Anforderungen der Kunden an Produkte und Dienstleistungen mit den Wahrnehmungen der Kunden decken. Dies setzt allerdings voraus, dass die Anforderungen der Kunden bekannt sind. Nicht unerheblich ist in diesem Zusammenhang auch die Frage, ob die Kunden *alle* ihre Anforderungen dem Anbieter mitteilen oder ob Kunden gewisse Leistungen einfach voraussetzen, ohne diese mit dem Anbieter abzuklären.

Weitere Definitionen von Qualität

▶ ISO 9000:2000:
„Qualität ist der Grad, in dem ein Satz inhärenter Merkmale Anforderungen erfüllt."
▶ Joseph M. Juran:
J.M. Juran war einer der führenden Qualitätsexperten in den USA. Er definierte Qualität als „fitness for use". Nach dieser Definition ist unter Qualität die Gebrauchstauglichkeit einer erstellten Leistung in den Augen der Kunden zu verstehen. Die Beurteilung von Qualität leitet sich aus den individuellen Bedürfnissen der Kunden ab.

2.1.1 Unausgesprochene Forderungen

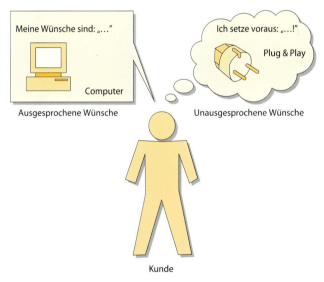

Bild 5: *Unausgesprochene Forderungen*

WORUM GEHT ES?

Unausgesprochene Forderungen

Kunden sprechen nicht alle Forderungen aus. Vor allem jene Forderungen bleiben oft im Verborgenen, die vom Kunden als selbstverständlich vorausgesetzt werden. In unserem in Bild 5 gezeigten Beispiel kauft ein Kunde einen Computer. Er setzt zugleich voraus, dass das Gerät sofort bei Anschließen funktionsfähig ist (Plug and play). Aus Sicht des Händlers muss dieser Erwartung Rechnung getragen werden, um Unzufriedenheiten schon bei Vertragsabschluss zu vermeiden.

WAS BRINGT ES?

Die unausgesprochenen Forderungen sind ein häufiger Stolperstein der so direkt und offen wie möglich aus dem Weg geräumt werden muss. Nur so kann der Kunde begeistert werden.

WIE GEHE ICH VOR?

Unausgesprochene Forderungen ermitteln

- ▶ Klären Sie ab, welche Leistungen branchenüblich sind.
- ▶ Nehmen Sie sich Zeit für den Kunden und die Ermittlung seiner Bedürfnisse.
- ▶ Halten Sie alle Besprechungspunkte schriftlich fest.
- ▶ Beschreiben Sie mit dem Kunden, auch bei Dienstleistungen, möglichst präzise die Anforderungen an die gewünschten Leistungen (Service Level Agreements – SLAs).
- ▶ Erwecken Sie keine falschen Erwartungen sondern legen Sie explizit fest wo die Grenzen Ihrer Leistung liegen.

- Bringen Sie Ihr Wissen und Ihre Erfahrungen bei der Ermittlung der Kundenwünsche ein.
- Fassen Sie Ihre Erfahrungen bezüglich möglicher unausgesprochener Kundenforderungen in einer Besprechungs-Checkliste für ihre Kundenkontakte zusammen.

2.1.2 Kunden begeistern

WORUM GEHT ES?

> **Kunden begeistern**
>
> Kundenbegeisterung ist das Resultat des permanenten Strebens nach der innovativsten und zugleich kundenorientiertesten Lösung am Markt. Kundenbegeisterung ist allerdings auch das wirkungsvollste Konzept zur Differenzierung gegenüber dem Mitbewerb. Und: Kundenbegeisterung hat ein Ablaufdatum und muss jedes Mal auf ein Neues erkämpft werden.

Kano-Modell

Im Kano-Modell, benannt nach Noriaki Kano, stechen sogleich die drei Faktoren der Kundenbegeisterung ins Auge, als da wären: die Basisfaktoren, die Zufriedenheitsfaktoren und die Begeisterungsfaktoren (Bild 6).

- Die Basisfaktoren decken die Leistungsangebote des Anbieters die Grundbedürfnisse des Kunden ab. Werden die vorausgesetzten Forderungen des Kunden erfüllt, so kann der Anbieter weder Begeisterung noch Zufriedenheit erwarten. Diese Grundbedürfnisse sind so grundlegend und selbstverständlich, dass sie den Kunden erst bei Nichterfüllung bewusst werden (implizite Erwartungen). Werden

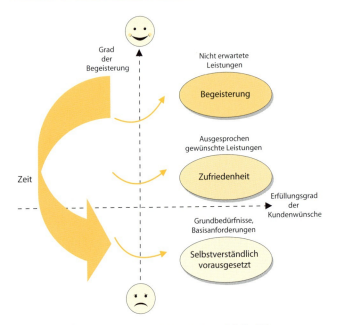

Bild 6: *Kundenbegeisterung nach Noriaki Kano [Pfeifer, T.]*

die Grundbedürfnisse nicht erfüllt, entsteht Unzufriedenheit, werden sie erfüllt, entsteht aber keine Zufriedenheit!
▶ Von erfüllten Zufriedenheitsfaktoren sprechen wir wenn die erbrachten Leistungen Bestandteil der expliziten Forderungen des Kunden sind. Es entsteht bestenfalls Zufriedenheit. Die Leistungs- und Qualitätsforderungen sind dem Kunden bewusst, sie können in unterschiedlichem Ausmaß erfüllt werden. Erfüllte Leistungsfaktoren schaffen bestenfalls Zufriedenheit, rufen jedoch keine Begeisterung hervor.

▶ Begeisterungsfaktoren: Laut Noriaki Kano besteht Begeisterung darin, dem Kunden unerwartet Gutes zuteil werden zu lassen. Begeisterungsmerkmale sind unerwartete Merkmale von Produkten oder Dienstleistungen, mit denen der Kunde nicht unbedingt rechnet und die das Produkt gegenüber dem Mitbewerb auszeichnen. Sie rufen Begeisterung hervor.

▶ Wertreduktion: Mit der Zeit kommt es zum Phänomen der Wertreduzierung der angebotenen Leistung. Dieses Phänomen gilt für alle Leistungen, die Unternehmen anbieten. Ein Grund dafür ist die Gewöhnung der Kunden an bestimmte Leistungen. Diese lässt den Wunsch nach „mehr" entstehen. Gleichermaßen ist auch das Nachziehen des Mitbewerbs ausschlaggebend für die Reduktion des Wertes und macht die permanente Weiterentwicklung der Begeisterungsfaktoren erforderlich. Die Wertreduktion geht kaskadenartig nach unten: begeisternde Leistungen erfahren eine Abstufung auf zufrieden stellende Leistungen. Zufrieden stellende Leistungen wiederum fallen auf den Status „selbstverständlich vorausgesetzt" zurück.

WIE GEHE ICH VOR?

Kunden stets begeistern

▶ Stufen Sie Ihre Leistungen alle drei bis sechs Monate (je nach Schnelllebigkeit der Branche) bewusst in Begeisterungsfaktoren, Zufriedenheitsfaktoren und Basisfaktoren ein.

▶ Kreieren Sie begeisternde Wertangebote und halten Sie diese in Reserve, solange die aktuellen Begeisterungsfaktoren noch funktionieren.

- Achten Sie darauf, den richtigen Zeitpunkt des Übergangs von alten Begeisterungsfaktoren zu neuen Begeisterungsfaktoren zu finden.
- Der Zeitpunkt ist dann richtig, wenn die Kunden die begeisternde Leistung bereits bewusst nachfragen und verlangen.

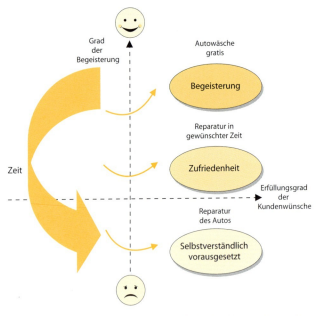

Bild 7: *Das Kano-Modell bei einem Kfz-Werkstättenbesuch (Beispiel)*

2.2 Was ist ein QMS?

WORUM GEHT ES?

Qualitätsmanagementsystem

Ein Qualitätsmanagementsystem (QMS) dient der Planung, Umsetzung, Steuerung und Aufrechterhaltung von Qualität. Die systematische Organisation betrifft hauptsächlich drei Elemente eines Unternehmens: die Menschen, die Prozesse und die Dokumentation.

Einflussfaktoren auf das QMS

- Die Menschen müssen sich ihrer Bedeutung und Aufgaben im Rahmen des Qualitätsmanagements bewusst sein. Dazu bedarf es der Durchführung von Trainings sowie des Festlegens von Verantwortungen, Zielen und des Berichtswesens.
- Die Tätigkeiten müssen, soweit möglich und sinnvoll, festgelegt und beschrieben sein. Diese Festlegungen müssen schriftlich fixiert werden, um das Wissen im Unternehmen zu binden und abrufbar zu machen. Problemquellen und deren Gründe werden damit schnell gefunden, weil ja jede Handlung transparent ist.
- Die Dokumentation muss den Bedingungen und Ansprüchen des Unternehmens angepasst sein. In den meisten Unternehmen ist eine EDV-gestützte Dokumentation eingesetzt, die bereits mit wenig Aufwand erstellt werden kann.

2.3 Besonderheiten der KMU

WORUM GEHT ES?

Besonderheiten der KMU

Wodurch unterscheiden sich KMU von großen Unternehmen, vor allem hinsichtlich des Themas Qualitätsmanagement?

Grundsätzlich sind große Unternehmen wesentlich komplexer strukturiert. Aus diesem Grunde leisten sie sich ein eigenes QM-Personal, das sich vornehmlich mit der Sensibilisierung, der Realisierung und dem Leben von Qualität beschäftigt. Diesen „Luxus" gibt es in kleineren und mittleren Unternehmen nicht. Hier geht es vor allem darum, das QMS so einfach und praktisch wie möglich zu gestalten und ein wirksames und anerkanntes System aufzubauen. Der Wartungsaufwand der Dokumente ist ebenso ein Thema wie die Klarheit der Qualitätsziele. KMU integrieren QM-Aufgaben sehr stark in ihre Linienstrukturen, woraus sich in letzter Konsequenz ein relativ hoher Schulungsaufwand für die Mitarbeiter ergibt, da ohne deren aktiver Unterstützung das QMS nicht funktioniert.

Weiterhin gilt bei KMU, aufgrund der kleineren Dimensionen und der damit einhergehenden höheren Flexibilität, das Primat des Kunden in verstärktem Ausmaß. Der Kunde bestimmt, wie die Qualität auszusehen hat. Produkte/Dienstleistungen, Prozesse und Potenziale richten sich also vornehmlich am Kunden aus. Nur der überragend gelieferte Kundennutzen sichert letztlich die Existenz der KMU.

3   Für Qualität sensibilisieren

Die Sensibilisierung der Mitarbeiter für das Thema Qualität ist im Projekt deswegen zu berücksichtigen, weil nur mit den Mitarbeitern gemeinsam ein QMS aufgebaut und gelebt werden kann. Die Einführung eines QMS ist ein großes internes Projekt und muss demgemäß auch mit all jenen professionellen Instrumenten ausgestattet werden, die auch Kundenprojekte für sich beanspruchen. Zu Beginn ist vor allem

Bild 8: *Projektmodell zum Aufbau eines QMS*

wichtig, die essentiellen Projektphasen zu identifizieren und zu planen. Bild 8 auf S. 23 zeigt ein Projektmodell zum Aufbau eines QMS.

3.1 Qualität der Potenziale

Die Sensibilisierung der Mitarbeiter für die Qualität der Potenziale ist ein komplexes Unterfangen und muss demgemäß sorgfältig geplant werden.

3.1.1 Projektplanung

WORUM GEHT ES?

>
> **Projektplanung**
>
> Die Projektplanung ist die hinreichend genaue Beantwortung von Unsicherheiten und Unwägbarkeiten. Die Ergebnisse der Planung sind während der Laufzeit des Projektes der rote Faden, der dafür sorgt, in der Projektrealisierung nicht den Überblick zu verlieren.

Fragestellungen zur Projektplanung

- Welche Projektziele werden gesetzt?
- Wie viel Zeit benötigt das Projekt?
- Ist eine Zertifizierung nach ISO 9001 erforderlich?
- Wie stark können die Mitarbeiter in das Aufbauprojekt mit einbezogen werden?
- Wie entstehen die Unternehmenspolitik sowie die Ziele des Unternehmens?
- Rollen und Verantwortlichkeiten im Projekt?
- Wie ist das Team organisiert?
- Welche Kosten sind mit dem Aufbau zu erwarten?

- ▶ Welcher Nutzen kann vom QMS erwartet werden?
- ▶ Welche Projektrisiken sind zu beachten?

[siehe Pocket Power „Projektmanagement"].

WIE GEHE ICH VOR?

Den Fragestellungen zur Projektplanung folgend seien folgende Antworten anleitend und inspirierend genannt:

Projektziele

Projektziele sind z.B.:

- ▶ Verbesserung der Produktivität,
- ▶ Reduktion der Fehlerkosten, Fehlerraten und der Verschwendung,
- ▶ möglichst schnelle und kostengünstige Erlangung des Zertifikates,
- ▶ optimierte Erfüllung der Kundenwünsche durch verbesserte Prozesse,
- ▶ systematische und fehlerfreie Erfassung der Kundenwünsche,
- ▶ einfaches und wartungsarmes Dokumentationssystem.

Projektdauer

Folgende Faktoren sind ausschlaggebend für die Dauer: Anzahl der Mitarbeiter, Anzahl der Standorte, Größe und zeitliche Verfügbarkeit des Projektteams, Branche und Entwicklungsstadium der Organisation. Im Durchschnitt kann bei kleinen Unternehmen mit vier bis sechs Monate gerechnet werden. Mittlere Unternehmen benötigen zwischen acht und zehn Monate.

Zertifizierung

Eine Zertifizierung ist die unabhängige Überprüfung der Konformität der Organisation mit den Anforderungen einer Norm, beispielsweise der ISO 9001 oder der TS 16949 [Pocket Power „DIN EN ISO 9000:2000 ff. umsetzen" und „TS 16949 umsetzen"] Eine Zertifizierung ist immer dann zu empfehlen, wenn Kunden dies explizit fordern oder eine Differenzierung gegenüber dem Mitbewerb erforderlich ist. Bei der Auswahl eines Zertifizierungsinstituts sollten außer der Berücksichtigung finanzieller Gesichtspunkte auch fachliche Kriterien, also Branchenkenntnis zugrunde gelegt werden. Zertifikate sind generell drei Jahre gültig und müssen jährlich durch ein Überwachungsaudit (extern) bestätigt werden [Brunner, F.J./Wagner, K.].

Einbeziehung der Mitarbeiter

Ein wichtiger Erfolgsfaktor für ein einwandfrei funktionierendes Qualitätsmanagementsystem ist die Einbeziehung der Mitarbeiter in den Aufbau und die Aufrechterhaltung eines QMS. Je besser dies gelingt, umso praktikabler ist das System, da die Mitarbeiter „ihre" Dokumente und Abläufe erstellen und auch verwenden.

Rollen und Verantwortlichkeiten

Die Leitung des Projektes verlangt Geschick und Erfahrung und sollte auch dem entsprechend besetzt werden. Die Vereinigung der Funktionen von Projektleiter und Qualitätsbeauftragtem in einer Person ist empfehlenswert, aber nicht unbedingt notwendig. Der Qualitätsbeauftragte sollte über Normenwissen und Methodenkenntnis verfügen, um das

System normengerecht und wirksam zu gestalten. Der Projektleiter hat die Aufgabe, das Projekt terminlich, inhaltlich und personell zu führen.

Projektleiter

Die Projektleitung zum Aufbau des Qualitätsmanagementsystems muss in die Hände eines erfahrenen Projektleiters gelegt werden. Üblich ist im KMU, dass der Projektleiter zugleich der Qualitätsbeauftragte ist.

Qualitätsbeauftragter

Der Qualitätsbeauftragte ist der Koordinator aller Aufgaben, die sich nach dem Aufbau eines Qualitätsmanagementsystems ergeben. In seinem Verantwortungsbereich liegen vor allem die Qualitätszielmessung, die ständige Verbesserung und die Organisation der internen und externen Audits.

Interner Auditor

Interne Audits sind Überprüfungstätigkeiten mit dem Ziel, die Wirksamkeit des Qualitätsmanagementsystems zu bewerten. Ergebnis des internen Audits sind aufgedeckte Verbesserungspotenziale und, sofern möglich, festgelegte Maßnahmenpakete zur Umsetzung. Interne Auditoren sind damit weniger Prüforgane als vielmehr Förderer und Coaches. Soziale Kompetenz, Methodenwissen und QM-Kenntnisse zeichnen interne Auditoren aus.

Prozessverantwortliche

Alle Prozesse in KMUs werden durch ein oder mehrere Prozessteams betreut, welchen Prozessverantwortliche vorstehen. Prozessverantwortliche, auch Prozesseigner genannt, haben die Aufgabe, die Prozesse ständig zu verbessern. Messung der Ziele, Berichterstattung an den Qualitätsbeauftragten, Training der Mitarbeiter und Aktualisierung der zugehörigen Dokumentation gehören ebenfalls zu den Aufgaben des Prozesseigners.

Prozessteammitglieder

Die Prozessteammitglieder haben die Prozessverantwortlichen zu unterstützen, Aufgaben zu übernehmen und an Prozessteammeetings aktiv teilzunehmen.

> *Kosten*
> Die Frage nach den Aufwendungen lässt sich sehr gut anhand der verbrauchten Personalressourcen abschätzen. So kann ein kleines Unternehmen von rund 60 Personentagen zum Aufbau des QMS ausgehen, ein mittleres Unternehmen benötigt rund 100 Personentage. Diese Zeitressourcen sind erforderlich für Meetings, Dokumentationserstellung, Schulungen etc. Die Zertifizierungskosten sind nicht eingerechnet.

Nutzen

Kennt man die Ausgangslage des Unternehmens hinsichtlich Fehlerkosten, Verlusten und Unproduktivitäten, so kennt man die Potenziale zu Verbesserung und Weiterentwicklung. Es ist sinnvoll, diese Daten als Grundlage für die Qualitätsziele zu erheben und deren Entwicklung weiterzuverfolgen. Der Nutzen eines QMS kann für KMU nicht generell quantifiziert werden, da individuelle Unterschiede sich sehr stark auswirken. Vor allem die Frage, von welchem Organisationsniveau das Unternehmen mit seinem QMS startet, hat großen Einfluss auf die potenziellen Einsparungen. Weiterhin ist zu beachten, dass ein QMS vor allem langfristige Auswirkungen auf ein Unternehmen hat und tendenziell auf langfristige Erfolgssicherung denn auf kurzfristige Gewinnmaximierung ausgerichtet ist.

Nutzen des QMS
- Steigerung des Qualitätsbewusstseins im Unternehmen
- Systematisierung der Handlungen
- Vereinbarung gemeinsamer Ziele
- Transparenz der Abläufe und Beschleunigung der Verbesserungszyklen
- Erfüllung der Kundenforderungen
- Realisierung einer Zertifizierung

3.1.2 Teamorganisation

WORUM GEHT ES?

Teamorganisation

Die Besetzung und Organisation des Teams zum Aufbau des QMS ist die erste wichtige Entscheidung, die am Beginn des Aufbauprojektes steht. Es ist vor allem auf eine saubere Festlegung der Aufgaben und Verantwortlichkeiten zu achten (Bild 9).

WAS BRINGT ES?

Klare Berichts-Strukturen und Zuständigkeiten erleichtern den Projektablauf, fördern die effiziente Kommunikation und unterstützen die Aufrechterhaltung einer guten Projektstimmung im Team.

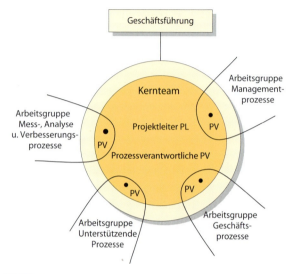

Bild 9: *Teamorganisation*

WIE GEHE ICH VOR?

Die Teamorganisation ist in drei Segmente gegliedert:

▶ Geschäftsführung: Auftraggeber des Projektes.
▶ Kernteam: Besteht aus dem Projektleiter als auch jenen Personen (Prozessverantwortliche), die für die jeweilige Prozesskategorie zuständig sind.
▶ Arbeitsgruppe: Besteht aus dem Prozessverantwortlichen der jeweiligen Prozesskategorie als auch den Mitarbeitern des Bereiches.

3.1.3 Information und Training

Fragen zu Information und Training

▶ Wer wird informiert und wer wird trainiert?
▶ Was ist Inhalt der Informationsveranstaltungen und der Trainings?
▶ Ziele der Trainings und der Informationsveranstaltungen?

Informationsveranstaltung

WORUM GEHT ES?

Informationsveranstaltung

Informationsveranstaltungen sind für alle Mitarbeiter zugänglich zu machen, um die Gründe und Ziele des Projektes möglichst weit im Unternehmen zu verbreiten. Wichtig dabei ist die Geschäftsführung, um die Ernsthaftigkeit des Vorhabens und Wichtigkeit des Projektes zu unterstreichen. Es empfiehlt sich, alle Mitarbeiter persönlich einzuladen. Das Kernteam kann nachfolgend nach einer Evaluierung der Informationsveranstaltungen bestimmt werden. Sie erkennen an der Teilnahme und Mitarbeit sehr schnell diejenigen, die ein sehr starkes Interesse an der Mitwirkung im Projekt haben.

Weitere Kriterien für die Auswahl der Kernteammitglieder sind

▶ Zeit der Zugehörigkeit zum Unternehmen,
▶ Teamführungserfahrung,
▶ Projekterfahrung und
▶ Führungserfahrung.

WAS BRINGT ES?

Die Informationsveranstaltung ist eine gute Gelegenheit, dem gesamten Unternehmen einen Einblick in das Vorhaben zu gewähren und vor allem um Unterstützung zu werben.

WIE GEHE ICH VOR?

Organisieren Sie die Informationsveranstaltung als Event und sorgen Sie für die passende Atmosphäre:

▶ Achten Sie auf genügend eingeplante Zeit für Fragen der Mitarbeiter.
▶ Überfordern Sie die Mitarbeiter nicht mit überbordenden Inhalten und PowerPoint-Tricks.
▶ Achten Sie auf Einfachheit der Aussagen.
▶ Achten Sie auf das leibliche Wohl der Zuhörer.
▶ Planen Sie genügend Pausen mit ein.

Inhalte einer Informationsveranstaltung
- Was ist Qualität?
- Warum Qualitätsmanagement?
- Was bedeutet QM für unser Unternehmen?
- Was ist ein Prozess?
- Wie sieht die Prozesslandschaft aus?
- Wie gehen wir vor: Projektplan?
- Wie sehen die QM-Dokumente aus?
- Was ist die ISO 9001:2000?
- Wie lautet die Unternehmenspolitik?

Trainingsdurchführung

WORUM GEHT ES?

Trainingsdurchführung

Das Training sollte vor allem den Kern des Qualitätsmanagementteams betreffen. Das Kernteam eines KMU besteht idealerweise aus drei bis sechs Personen, welche tendenziell den höheren hierarchischen Ebenen angehören. Dies erleichtert und beschleunigt die Umsetzung der getroffenen Maßnahmen.

WIE GEHE ICH VOR?

Die Bilder 10 und 11 zeigen die relevanten Trainingsinhalte.

3.1.4 Strategische Ziele

WORUM GEHT ES?

Strategische Ziele

Ein wichtiger Punkt der Trainingsvorbereitung ist die Festlegung der Zielsystematik im Unternehmen (Vision, Mission, Unternehmenspolitik und Qualitätsziele). Die Zielsystematik ist Voraussetzung für die Festlegung der operativen Ziele im Unternehmen. Folgendes ist dabei zu beachten:

- Unternehmensweite Gemeinsamkeit im Vorgehen ist nur möglich, wenn jedem Mitarbeiter klar ist, wohin es gehen soll.
- Vision und Unternehmenspolitik sollen entsprechende Attraktivität für die Mitarbeiter haben und sollten demgemäß eine motivierende Wirkung besitzen. Ebensolches gilt für die Mission, die sich an die Kunden richtet.

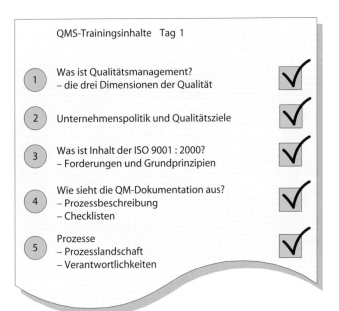

Bild 10: *Agenda Tag 1 für das Training des Kernteams*

- Entscheidend ist, die Mitarbeiter in die Zieldefinition mit einzubinden. Dies geschieht optimalerweise in Form von Feedbackgesprächen mit einer Auswahl von Mitarbeitern zum Thema „Unternehmenspolitik und Ziele".

Die Unternehmenspolitik und daraus resultierende Ziele entstehen aus der Vision, der Mission sowie der die Mitarbeiter verbindenden Werte (Bild 12).

Vision und Mission haben normativen Charakter und stellen damit einen Rahmen für die gegenwärtige und zu-

Bild 11: *Agenda Tag 2 für das Training des Kernteams*

künftige Entwicklung des Unternehmens. Um nun die Unternehmenspolitik zu erstellen, ist es erforderlich, über die Stärken und Schwächen des Unternehmens im Inneren Bescheid zu wissen als auch die Bedrohungen, aber auch Möglichkeiten des Umfelds des Unternehmens zu kennen. Die so genannte SWOT-Analyse ist die geeignete Methode zur Klärung dieser Punkte (Bild 13).

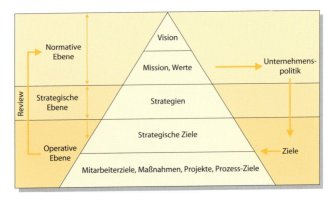

Bild 12: *Strategische Zielpyramide*

SWOT-Analyse

WORUM GEHT ES?

> **SWOT**
> Als Grundlage für die Erstellung der Vision, Mission und Unternehmenspolitik empfiehlt sich die SWOT(Strengths-Weaknesses-Opportunities-Threats)-Analyse. Die SWOT-Analyse wird in Form eines Brainstormings durchgeführt. Drei bis sieben Personen der Führung und des mittleren Managements (im Idealfall das Kernteam zum Aufbau des QMS) sollten daran beteiligt sein.

WAS BRINGT ES?

Die Befindlichkeit des Unternehmens in wirtschaftlicher, personeller, kultureller und technischer Hinsicht ist zu ergründen. Wo liegen die Stärken, wo liegen die Schwächen? Die Analyse des Unternehmens ist die Grundlage für die

Festlegung der Qualitätspolitik und der Qualitätsziele, wodurch die Erfolge des QMS während und nach dem Aufbau des QMS gemessen werden können.

WIE GEHE ICH VOR?

Folgende Fragencheckliste dient der Erstellung einer SWOT-Analyse:

Stärken (Strengths)
- Auf welche Ursachen sind vergangene Erfolge zurückzuführen?
- Welches sind die Chancen der eigenen Unternehmung in der Zukunft?
- Welche Synergiepotenziale liegen vor, die mit neuen Strategien stärker genützt werden können?

Schwächen (Weaknesses)
- Welche Schwachpunkte gilt es auszubügeln und künftig zu vermeiden?
- Welches Produkt ist besonders umsatzschwach?

Chancen (Opportunities)
- Welche Möglichkeiten stehen offen?
- Welche Trends gilt es zu verfolgen?

Gefahren (Threats)
- Welche Schwierigkeiten hinsichtlich der gesamtwirtschaftlichen Situation oder Markttrends liegen vor?
- Was machen die Wettbewerber?
- Ändern sich die Vorschriften für Job, Produkte oder Serviceleistungen?
- Bedroht ein Technologiewechsel die Stellung?

Gefahren und Chancen sind vom Unternehmen nicht beeinflussbar. Die Führungsmannschaft ist hier herausgefordert, die strategischen Möglichkeiten der Konkurrenz zügig einzuschätzen, um auf veränderte externe Bedingungen adäquat reagieren zu können. Das heißt, die Zielrichtung der Handlungen und Maßnahmen ist vorgegeben.

Anders verhält es sich in punkto Stärken und Schwächen. Diese Faktoren sind allein von internen Entscheidungen des Unternehmens abhängig. Hier liegt es am Unternehmen, die Stärken und Schwächen relativ zu den Konkurrenten zu definieren und optimal zu agieren. [Hitt, M.A./Ireland, R.D./ Hoskisson, R.E.]

	Strengths	Weaknesses
Interne Sicht	▶ Netzwerk an Wissenslieferanten und verlässliche Berater ▶ Expertenwissen der Mitarbeiter	▶ Organisation zu träge ▶ Teilweise zu lange Entscheidungswege ▶ Prozessorientierung noch nicht in den Köpfen der Belegschaft
	Opportunities	**Threats**
Externe Sicht	▶ Ostöffnung bietet dem Unternehmen neue Märkte ▶ Dynamische Marktentwicklung kommt der Innovationskraft sehr entgegen	▶ Preisverfall ist zu erwarten

Bild 13: *Beispiel einer SWOT-Analyse*

Vision

WORUM GEHT ES?

Vision

Eine gute Vision ist das erwünschte Fernziel eines Unternehmens. Sie ist klar und präzise formuliert und wirkt bei den Mitarbeitern und der Unternehmensführung sinnstiftend, indem Ordnung und Orientierung geschaffen werden. Weiters wirkt eine gute Vision motivierend bei allen Mitgliedern des Unternehmens, da das Bild der Zukunft hervorgehoben wird und damit die Divergenz zwischen „Heute" und „Morgen" herausfordernd wirkt. Gute Visionen wirken handlungsanleitend, was bedeutet dass der einzelne Mitarbeiter seine Entscheidungen an der zwar groben aber eindeutigen Vision ausrichten kann.

- Dienstleister: Wir werden 2010 die Umsatzgrenze von 10 Mio. Euro überschreiten.
- Autoproduzent: Wir wollen 2010 ein ebenso exklusives Image haben wie Audi.
- Zulieferer: Unser Kunde ist durch unsere Hilfe 2010 der größte Anbieter am Markt.

Mission

WORUM GEHT ES?

Mission

Gute Missionen beschreiben schlicht das Selbstverständnis des Unternehmens zum wertvollen Auftrag. Die Mission gibt also die Richtung und den Rahmen grob vor, um die Vision zu erreichen.

- Autoproduzent: Wir produzieren Sportwagen von hoher Güte, hoher Lebensdauer und hohem Fahrspaß.
- Internationales Rotes Kreuz: Wir verbessern die Qualität des menschlichen Lebens. Unsere Aufgabe besteht darin, Menschen auf Katastrophen vorzubereiten, ihnen in Katastrophen beizustehen und die Menschen nach Katastrophen zum normalen Leben zurückzubegleiten.

Unternehmenspolitik

WORUM GEHT ES?

Unternehmenspolitik

Die Unternehmenspolitik versammelt die Werte des Unternehmens im Umgang mit Mitarbeitern, Kunden und Partnern. Weiterhin wird dem Verständnis der weiteren Entwicklung in qualitativer, intellektueller und materieller Hinsicht Rechnung getragen. Die Unternehmenspolitik kann auch als Leitbild verstanden werden und muss den Mitarbeitern bekannt sein.

Die Unternehmenspolitik:

▶ Ist einfach und verständlich formuliert.
▶ Vermittelt ein glaubhaftes „Wir-Gefühl".
▶ Die Unternehmenspolitik definiert die Grundsätze der qualitätsorientierten Unternehmensführung hinsichtlich der Interessenpartner des Unternehmens.

Unternehmenspolitik eines Dienstleisters

Kunde
- Wir erfüllen die Erwartungen unserer Kunden professionell und bewirken nachhaltige Veränderung zum Nutzen unserer Kunden.

- Wir orientieren unsere Leistungsangebote am Anspruch unserer Kunden und gehen dabei Wege, die zu maßgeschneiderten Lösungen für unsere Kunden führen.
- Wir erweitern unser Wissen und unsere Produktpalette ständig unter Berücksichtigung neuester Innovationen und Trends am Markt.

Mitarbeiter
- Wir fördern die Weiterbildung und Weiterentwicklung unserer Mitarbeiter, um ihnen durch optimales Basiswissen und notwendiges Spezialwissen die Erfüllung ihrer Aufgaben zu ermöglichen.
- Wir sorgen für klare Verantwortlichkeiten und Zuständigkeiten und sind bestrebt, durch regelmäßige Mitarbeitergespräche die Zufriedenheit der Mitarbeiterschaft zu fördern.
- Wir schaffen eine Arbeitsumgebung, die partnerschaftliches Arbeiten und kreatives Denken fördert.

Kooperationen, Partner und Lieferanten
- Wir bieten unseren Geschäftspartnern nachhaltige und langfristige Kooperationspartnerschaften unter fairen Wettbewerbsbedingungen.

Gesellschaft
- Die Erhaltung der Arbeitsplätze und das Wohlbefinden unserer Mitarbeiter sind uns ein wichtiges Anliegen.

Strategie und strategische Ziele

WORUM GEHT ES?

Strategien

Strategien sind der Weg vom Ausgangspunkt des Unternehmens zum Fernziel, der Vision. Die strategischen Ziele sind die Messpunkte auf dem Weg zur Vision. Die strategischen Ziele werden in die operativen Ziele, also Prozessziele, Projektziele und Mitarbeiterziele übersetzt (Bild 14; siehe auch Abschnitt 5.2.1).

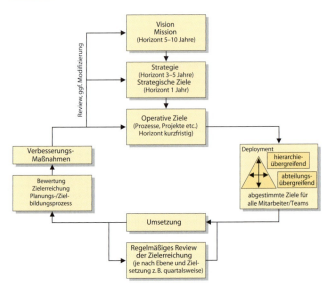

Bild 14: *Umsetzung der Strategie in die operativen Strukturen*

3.1.5 Auswahl der Zertifizierungsgesellschaft

WORUM GEHT ES?

Zertifizierungsgesellschaft

Die Zertifizierungsgesellschaft ist eine akkreditierte Organisation mit der Befugnis, Unternehmen bei Übereinstimmung der betreffenden Normforderungen ein offiziell gültiges Zertifikat zu verleihen. Ein Zertifikat ist drei Jahre gültig und wird jährlich von der Zertifizierungsgesellschaft überwacht.

WAS BRINGT ES?

Die Auswahl des Zertifizierers ist dann angesagt, wenn der offizielle Nachweis für die Funktionstüchtigkeit nach einem Normensystem wie beispielsweise der ISO 9001:2000 oder der TS 16949 notwendig wird.

WIE GEHE ICH VOR?

Folgende Punkte sind bei der Auswahl zu bedenken:

- Kosten: Alle Kosten entsprechend der drei jährigen Gültigkeitsdauer des Zertifikates sind mit einzubeziehen. Unterschiede bestehen gemeinhin im Tagessatz, in der Einbeziehung diverser weiterer Kosten wie Zertifikatsgebühr, dem Publikationsrecht des Logos der Zertifizierungsgesellschaft sowie den Fahrtkosten.
- Kundenwunsch: es ist ratsam, die wichtigsten Kunden in die Entscheidung mit einzubeziehen, um die Anforderungen der Kunden an das Zertifizierungsinstitut zu berücksichtigen.
- Branchenkenntnis des Zertifizierungsinstituts: Es ist darauf zu achten, dass der Zertifizierer über Kenntnis der Branche oder verwandter Branchen verfügt. Nur dann ist beste Betreuung gewährleistet.

3.1.6 Projektsteuerung und Marketing

WORUM GEHT ES?

Projektsteuerung und Marketing

Projekte sind nicht nur eine Aneinanderreihung von Arbeitspaketen und Aufgaben, sondern beinhalten Emotionen und Neuartiges. Aus diesem Grunde ist überlegtes Marketing eine wichtige Ergänzung zur Steuerung des Projektes.

WAS BRINGT ES?

Folgende Fragen sollen Anleitung und Inspiration zur inhaltlichen Ausgestaltung geben:

▶ Wie werden die Entscheidungen im Projekt getroffen?
▶ Wie werden die Entscheidungen kommuniziert?
▶ Wie werden die Erfolge im Projekt nach außen getragen?
▶ Wie wird kontinuierlich über den Fortschritt des Projektes informiert?

WIE GEHE ICH VOR?

Entscheidungsstruktur

Die Entscheidungen werden im Rahmen der Projektorganisationsstruktur getroffen. Ebenso erfolgt die Kommunikation. Als essentiell erweist sich hierbei die Pflege einer guten Meetingkultur. Pünktlichkeit, Vorbereitung der Meetingleitung und Protokollierung sind unbedingt vor dem Start zu klären.

Projektmarketing

Um das gesamte Unternehmen am Projektfortgang teilhaben zu lassen, ist es ratsam, die Erfolge und den Fortschrittsstatus regelmäßig zu kommunizieren. Dies kann in Form von Flyern, mittels Firmenzeitung als auch durch die Intranet-Homepage geschehen.

3.1.7 Projektrisiken

WORUM GEHT ES?

> **Projektrisiken**
> Projektrisiken müssen identifiziert werden, um die potentiellen Projektgefährdungen zu kennen und gezielt dagegen anzusteuern. Ein Einfluss geht von den Menschen aus:

Mitarbeiter

In KMU ist die Bedeutung jedes einzelnen Mitarbeiters hinsichtlich des Unternehmenserfolgs von größerer Bedeutung. Gleiches gilt auch für das Aufbauprojekt und das Leben des Qualitätsmanagementsystems. Aus diesem Grund ist es erforderlich, dass die Mitarbeiter von Anfang an in das Projekt mit eingebunden werden.

Motivation der Mitarbeiter

▶ Die Gründe für den Aufbau eines QMS müssen den Mitarbeitern plastisch vor Augen geführt werden. Bestenfalls anhand eines aktuellen Vorfalls, wie beispielsweise ein fehlerhaftes Produkt oder eine Dienstleistung, die den Unmut eines Kunden zur Folge hatte.
▶ Eingehen auf die Ängste und Sorgen der Mitarbeiter.
▶ Klärung der Aufgaben, Rechte, Pflichten und Verantwortlichkeiten aller Beteiligten.

Kapazitätsplanung

Die Aufarbeitung der Prozesse und Abläufe bedeutet eine nicht unerhebliche Ressourcenbindung für die Mitarbeiter. Prozesse sind zu identifizieren, zu analysieren, zu verbessern und in die Realität umzusetzen. Man kalkuliert pro Prozess (ein KMU hat rund 20 Prozesse) einen Zeitaufwand von zwei bis drei Personentagen. Der Zeitaufwand hängt natürlich von der Komplexität, dem Organisationsgrad und der Darstellungsart ab. [Wagner., K.: „PQM" und Pocket Power „Prozessmanagement"]

3.2 Qualität der Prozesse

Die Prozessanalyse

WORUM GEHT ES?

Prozessanalyse

Voraussetzung für die Prozessanalyse ist die Prozesslandschaft. Die Prozesslandschaft erläutert, welche Prozesse im Unternehmen existieren und wie diese in den großen Zusammenhang gebracht werden.
Die einzelnen Prozesse der Prozesslandschaft müssen vor der Analyse hinreichend genau beschrieben werden. Dabei ist entscheidend, dass die Beschreibung der Prozesse den aktuellen Zustand abbildet. Erst dann kann der Schritt zur Analyse gemacht werden: die beschriebenen Prozesse werden hinsichtlich der möglichen Verbesserungspotenziale analysiert.

Die Prozesslandschaft

WORUM GEHT ES?

Prozesslandschaft

Die Prozesslandschaft ist die zusammenfassende Darstellung der Prozesse des Unternehmens. Die systematische Unterteilung der Prozesse in vier Kategorien beruht auf der Systematik der ISO 9001:2000 [siehe Pocket Power „ISO 9000:2000 ff umsetzen"].

- Die Managementprozesse enthalten alle Abläufe, die im Unternehmen zielbildend wirken.
- Die Geschäftsprozesse (Business) umfassen alle Prozesse, die im Unternehmen wertschöpfend wirken.
- Die unterstützenden (Support) Prozesse beinhalten Prozesse, die zur Aufrechterhaltung der Leistungen dienen.
- Zu den Mess-Analyse-Verbesserungsprozessen (MAV) gehören alle Abläufe im Unternehmen, die der kontinuierlichen Verbesserung dienen.

Es sei betont dass erst die Einbindung des Kunden in die Darstellung dem Betrachter einen vollständigen Überblick über die Prozessketten gewährleistet.

WAS BRINGT ES?

Die Prozesslandschaft dient der Information der Mitarbeiter, mit dem Zweck ein gemeinsames Verständnis der Prozesse sowie deren Zusammenhänge zu generieren (Bild 15).

WIE GEHE ICH VOR?

Nehmen Sie sich mit Ihrem Projektteam einen halben Tag Zeit:

- Starten Sie zur Erstellung der Prozesslandschaft beim Kunden der mit seinen Forderungen und Bedürfnissen bei den Geschäftsprozessen „anklopft".
- Gehen Sie Schritt für Schritt voran und fügen Sie einen Geschäftsprozess an den nächsten an, bis die Kette wieder beim Kunden endet, der die Leistung des Unternehmens in Empfang nimmt.
- Nehmen Sie sich nun den unterstützenden Prozessen an und finden Sie all jene Prozesse ohne die der Betrieb lang-

48 Für Qualität sensibilisieren

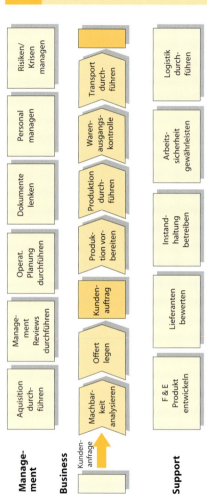

Bild 15: *Beispiel einer Prozesslandschaft [Wagner, K.]*

fristig als auch kurzfristig nicht aufrecht erhalten werden kann.
- Die Managementprozesse werden darauf folgend festgelegt.
- Den Abschluss bilden die MAV-Prozesse, die wiederum Einfluss auf alle anderen Prozesskategorien haben.

Die Prozessbeschreibung

WORUM GEHT ES?

> **Prozessbeschreibung**
> Die Beschreibung von Prozessen ist sehr anschaulich anhand eines Flussdiagramms darzustellen und zu analysieren (Bild 16).

WAS BRINGT ES?

Die vorangegangene Darstellung umfasst folgende Informationen:

- Festgelegte Verantwortungen: Es wird festgehalten, wer die Entscheidungen trifft, wer die Aktivitäten verantwortlich durchführt, wer dabei mitwirkt und schließlich, wer zu informieren ist.
- Erforderliche Dokumente: Es wird im Flussdiagramm festgehalten, welche Formulare, Checklisten, Anweisungen, elektronischen Datenverarbeitungsprogramme benutzt werden.
- Ablauf der Tätigkeiten: Durch bestimmte Symbole können folgende grundlegenden Tätigkeiten unterschieden werden wie beispielsweise Aktivität, Prüfung, Entscheidung, etc.

Für Qualität sensibilisieren

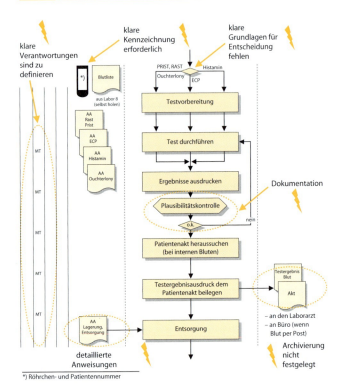

Bild 16: *Beispiel einer Prozessanalyse*

WIE GEHE ICH VOR?

Definition der Probleme:

▶ Fehler an den internen Schnittstellen,
▶ Fehler an den externen Schnittstellen,
▶ Kommunikationsfehler mit den Kunden,
▶ Produktfehler,

Qualität der Prozesse

- Lieferverzögerungen,
- etc.

Ursachen dieser Probleme:

- mangelnde Kontrollen,
- fehlende Kenntnisse oder Erfahrungen,
- mangelnde systematische Organisation,
- nicht praktikable oder nicht existente Dokumentation,
- etc.

Messung:

- Fehleranzahl pro Woche,
- Höhe der Abschlagszahlungen durch verzögerte Lieferungen,
- Kundenzufriedenheit.

Um die Ursachen der Probleme in den Prozessen festzulegen, bedient man sich am besten der 7-M-Methode.

7-M Methode

WORUM GEHT ES?

> **7-M-Methode**
>
> Die 7-M-Methode ist ein klassisches „Qualitätswerkzeug" zur Identifikation der Einflussfaktoren und Ursachen von Problemstellungen. Das methodische Vorgehen auf Basis von sieben Themenstellungen gibt der Methode ihren Namen. [Brunner, F.J./Wagner, K. sowie Pocket Power „Qualitätstechniken"]

WAS BRINGT ES?

Die 7-M-Methode ist ein einfach zu handhabendes Werkzeug und hilft dabei sehr rasch komplexe Probleme zu verstehen (Bild 17).

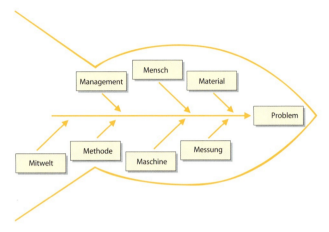

Bild 17: *7-M-Methode [Ishikawa]*

WIE GEHE ICH VOR?

Im Rahmen eines Teammeetings werden die 7 Ms hinsichtlich ihrer Einflüsse abgeklopft. Die Ursachenkriterien der 7-M-Methode können wie folgt festgelegt werden:

- Material: Festigkeit, Hitzebeständigkeit, Flexibilität, Materialalterung etc.
- Mensch: Wissen, Fertigkeiten, Motivation, Konzentration etc.
- Management: Ziele, Führung, Investitionen, Entscheidungsfindung etc.
- Mitwelt: Temperatur, Feuchtigkeit, Straßenzustand etc.
- Methode: Vorgehen, Ablauf, Prozess, Verfahren.
- Maschine: Funktion, Verlässlichkeit, Dauerhaftigkeit, Kosten, Geschwindigkeit etc.

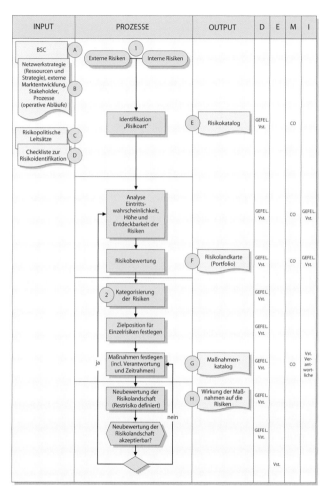

Bild 18: *Auszug aus einer Prozessbeschreibung [Wagner, K.]*

▶ Messung: Messung wird durchgeführt, Aufwand zur Messung, Genauigkeit und Aussagekraft der Kennzahlen, Regelmäßigkeit der Messung etc.

3.2.2 Konzeption des Soll-Zustandes

WORUM GEHT ES?

Soll-Zustand

Der Soll-Zustand ist der optimierte Ablauf des Prozesses. Er beinhaltet bereits alle Verbesserungsansätze, die aus der Analyse des Prozesses hervorgetreten sind.
Es ist darauf zu achten, die in einem Maßnahmenkatalog zusammengefassten Verbesserungsansätze hinsichtlich.

- der technischen Machbarkeit,
- der organisatorischen Umsetzbarkeit,
- der Kosten und
- des Nutzens

zu hinterfragen.

Maßnahmenkatalog (Bild 19)

3.2.3 Umsetzung der Maßnahmen

▶ Die beschriebenen Maßnahmen werden im Unternehmen umgesetzt.
▶ Die Maßnahmenumsetzung wird auf Wirksamkeit kontrolliert.
▶ Das interne Audit wird durchgeführt.
▶ Das Management-Review wird durchgeführt.
▶ Die Maßnahmen aus internem Audit und Management Review werden umgesetzt und die Wirksamkeit wird überprüft.

Qualität der Prozesse

Nr.	Aufn.-Datum	Verbesserungen (bzw. Schwachstellen, Probleme, Hindernisse)	Maßnahmen (bzw. Lösungsvorschläge)	Verantwortlich für Maßn.	zu erledigen bis
1	14.10.2006	unklare Schnittstellen zu Lieferanten	Festlegung der Verantwortlichen und Klärung des Kommunikationsflusses	Logistik	16.11.2006
2	14.10.2006	Einbindung von Lieferanten im Entwicklungsprojekt fehlt: – Freiraum der Projektleiter im Kundenprojekt definieren – Schnittstelle zur Lieferantenbewertung definieren	Projekt zur Ausarbeitung der Lieferanteneinbindung definieren unter Einbindung der Geschäftsführung	Einkauf	27.01.2007
3	14.10.2006	Unklare Verantwortungsaufteilung zwischen Produktion/Entwicklung/QM	Festlegung der Verantwortlichen und Klärung des Kommunikationsflusses	Geschäftsführung	13.02.2007
4	14.10.2006	Die Kapazitäten werden vorrangig für das Seriengeschäft verplant, die Erstbemusterungen werden vernachlässigt	Ermittlung des Aufwands zur Erstbemusterung und Einbindung des Einkaufs in die Planung der Auftragsabwicklung	Einkauf	27.01.2007

Bild 19: *Maßnahmenkatalog*

3.3 Qualität der Produkte

WORUM GEHT ES?

Kunden-Produkt-Portfolio
Wichtig zu Beginn ist das genaue Wissen um die Bedürfnisse des Kundensegmentes, die an die Produkte und Dienstleistungen gerichtet sind.

WAS BRINGT ES?

Zur Identifikation des richtigen/wichtigen Kundensegmentes sind strategische Überlegungen anzustellen. Dies ist beispielsweise über ein Kunden-Produkt-Portfolio möglich (Bild 20).

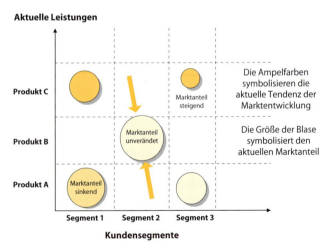

Bild 20: *Kunden-Produkt-Portfolio*

Sind die strategisch wichtigen Kundensegmente bekannt, so muss im nächsten Schritt das Anforderungsspektrum an die Produkte und Dienstleistungen definiert werden. Der bereits angesprochene überragende Kundennutzen wurzelt im richtigen Verstehen der Bedürfnisse des Kunden und der Identifikation der Leistungs-Standards.

3.3.1 Leistungs-Standards

WORUM GEHT ES?

> **Leistungs-Standards**
>
> Die Leistungs-Standards, auch Performance Standards genannt, bilden den Ausgangspunkt für die Festlegung der Prozessleistungen (Bild 21). Performance-Standards bringen die Kundensicht in die Prozesse.

Bild 21: *Leistungs-Standards-Pyramide*

WAS BRINGT ES?

Folgende Fragestellungen werden beantwortet:

- Was sind die idealen Werte (Produkte/Dienstleistungen), die dem Kunden (aus Kundensicht) nach heutigem Kenntnisstand geboten werden können?
- Was ist der aktuelle Wert (Produkte/Dienstleistungen), der unserem Kunden zuteil wird?

WIE GEHE ICH VOR?

Der ideale Wert für den Kunden wird aus den Erkenntnissen folgender Quellen ermittelt:

- Kunden-Produkt-Portfolios,
- Mitbewerbsanalysen und
- technologische Entwicklungen.

Bild 22: *Defizite in der Leistung*

Kennt man die idealen und aktuellen Werte, so haben wir die Defizite gefunden (Bild 22).

Kriterien für Dienstleistungs-Standards:
- Kompetenz der Mitarbeiter
- Flexibilität
- Erreichbarkeit
- Sauberkeit
- Freundlichkeit
- Sicherheit
- Genauigkeit der Information
- Schnelligkeit
- Kosten
- …

Kriterien für Produkt-Leistungs-Standards:

- Garantie
- Langlebigkeit
- Funktion
- Kosten
- Design
- Ergonomie
- Kraft
- Größe

Der ideale Wert für den Kunden wird durch die Prozesse des Unternehmens umgesetzt. Die Leistungs-Standards legen die Anforderungen exakt fest, die notwendig sind, um diese idealen Werte für den Kunden zu erzeugen.

Der ideale Wert für den Kunden wird durch die Prozesse des Unternehmens umgesetzt. Die Leistungs-Standards legen jene Anforderungen exakt fest, die notwendig sind, um diese idealen Werte für den Kunden zu erzeugen (z. B. Bild 23).

Für Qualität sensibilisieren

	Dienstleistung		Produkt
Prozess	**Performance-Standard**	**Produkt**	**Performance-Standard**
„PKW verkaufen"	Prompte Aufmerksamkeit (innerhalb von 2 Minuten)	PKW	Elektronik – Fehlerquote von max. 1,2 ppm
	Alle 10 Minuten Kontakt mit dem Kunden aufnehmen		Benzinverbrauch gleich oder besser als angegeben
	Testfahrt anbieten		
„Kreditantrag bearbeiten"	Kundenberatungsdauer min. 20 Minuten	Kredit	Null Fehler: Alle Angaben auf dem Kreditvertrag korrekt
	Checkliste der nötigen Dokumente vorhanden		Bester Zinssatz
	Entscheidung innerhalb von 15 Tagen		

Bild 23: *Leistungs-Standards (Beispiel)*

Momente der Wahrheit

WORUM GEHT ES?

Momente der Wahrheit

Momente der Wahrheit (moments of truth) treten auf, sobald der Kunde mit dem Unternehmen in Kontakt steht. Just zu diesem Zeitpunkt stellt sich heraus, ob das Unternehmen die Leistungs-Standards richtig festgelegt hat. Durch permanentes Messen und Nachjustieren müssen die Leistungs-Standards regelmäßig an die wechselnden Anforderungen des Marktes angepasst werden (Bild 24).

3.3.2 Fehlervermeidung

WORUM GEHT ES?

FMEA

Die Fehlermöglichkeits- und -einflussanalyse (FMEA) ist eine Methode, um potentielle Fehler in Dienstleistungen und Produkten zu erkennen und durch Maßnahmen zu vermeiden, noch bevor sie aufgetreten sind.

Moments of truth

Kunde betritt das Unternehmen:

- Wartezeit bis zur Beratung
- Ambiente der Räumlichkeiten
- Kompetenz des Mitarbeiters
- Dauer und Ausführlichkeit der Beratung

BERATUNG

Kunde wartet auf sein Produkt:

- Häufigkeit der Status-Information
- Zahlungsmodalitäten gemäß Wunsch

PRODUKTION

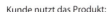
KUNDE

Kunde nutzt das Produkt:

- Erreichbarkeit des Mitarbeiters
- Kompetenz des Mitarbeiters
- Geschwindigkeit der Problemlösung
- Freundlichkeit des Mitarbeiters

KUNDENBETREUUNG

Bild 24: *Momente der Wahrheit*

WAS BRINGT ES?

Mit der FMEA werden alle jene Prozessschritte oder Produktteile hinsichtlich ihres Risikos für eine Fehlleistung erkannt. Da die Risiken mit der Risikoprioritätszahl geordnet werden können bietet dieses systematische Verfahren, gleichzeitig die Möglich die Gegenmaßnahmen zu priorisieren (Bild 25).

Bild 25: *FMEA-Schritte*

FMEA-Schritte

WIE GEHE ICH VOR?

FMEA-Schritt 1: Systemanalyse bzw. Prozessidentifikation (Bild 26)
- Produkt: Das Produkt wird durch die Gestaltung einer Baumstruktur in seine Systembestandteile zerlegt.
- Prozess: Durch Darstellung der Prozesslandschaft werden die Prozesse dargestellt.

FMEA-Schritt 2: Selektion des betreffenden Objektes (Bild 27)
- Produkt: Durch die Darstellung des Produktes im Bauplan werden die qualitätskritischen Stellen erkannt und für die FMEA vorgeschlagen.

Qualität der Produkte

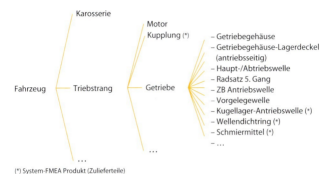

(*) System-FMEA Produkt (Zulieferteile)

Fahrzeugstruktur

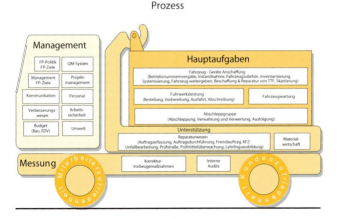

Prozesslandschaft eines Transportunternehmens

Bild 26: *FMEA – Systemanalyse und Prozessidentifikation*

64 Für Qualität sensibilisieren

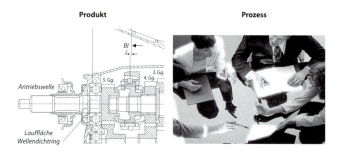

Anschauen, Anfassen, Beschnuppern Ö

Bild 27: *FMEA – Selektion des Objektes*

▶ Prozess: Durch einen „Dry Run" (Testlauf) ergeben sich die qualitätskritischen Schritte des Prozesses und werden für eine FMEA vorgeschlagen.

FMEA-Schritt 3a: Funktionsanalyse (Bild 28)
▶ Produkt: Die Funktionen der kritischen Teile des Produktes werden detailliert beschrieben.
▶ Prozess: Die Aufgaben der kritischen Schritte im Prozess werden genau beschrieben.

FMEA-Schritt 3b: Fehleranalyse (Bild 29)
▶ Produkt: Die Funktionen der kritischen Teile des Produktes werden detailliert beschrieben.
▶ Prozess: Die Aufgaben der kritischen Schritte im Prozess werden genau beschrieben.

FMEA-Schritt 4: Risikobewertung
▶ Stellen Sie die selektierten kritischen Bauteilnamen oder Prozessschritte in die erste Spalte der FMEA-Tabelle.

▶ Ermitteln Sie im Team die möglichen Fehler für jeden einzelnen Bauteil oder Prozessschritt.
▶ Ermitteln Sie die Ursache für jeden Fehler.
▶ Beschreiben Sie die derzeitigen Vermeidungsmaßnahmen sowie Entdeckungs- und Kontrollmaßnahmen.
▶ Bewerten Sie die Bedeutung des Fehlers für den Kunden (B): 1 (keine Bedeutung) bis 10 (schwerwiegende Folgen).
▶ Bewerten Sie die Auftrittswahrscheinlichkeit (A): 1 (unwahrscheinlich) bis 10 (wahrscheinlich).
▶ Bewerten Sie die Entdeckungswahrscheinlichkeit (E) des Fehlers, bevor er zum Kunden geht: 1 (sehr wahrscheinlich) bis 10 (unwahrscheinlich).
▶ Nun berechnen Sie die Risikoprioritätszahl (RPZ): RPZ = $B \cdot A \cdot E$ (Ergebnis: 1 bis 1000).
▶ Bestimmen Sie die Rangfolge für die Beseitigung des Fehlers und legen Sie eine untere Grenze fest, unter der keine Maßnahmen mehr nötig sind (z. B. RPZ < 125 ... keine Maßnahme notwendig).

FMEA-Schritt 5: Optimierung
▶ Legen Sie Gegenmaßnahmen fest: Fehlervermeidung vor Fehlerentdeckung inkl. Verantwortung und Termin der Umsetzung; Dokumentation von Verbesserungen.
▶ Ermitteln Sie je nach Bedarf die RPZ des verbesserten Zustandes bzw. wiederholen Sie die FMEA zu einem späteren Zeitpunkt. [Loos, S.]

Bild 30 zeigt die FMEA zusammengefasst in einer Tabelle.

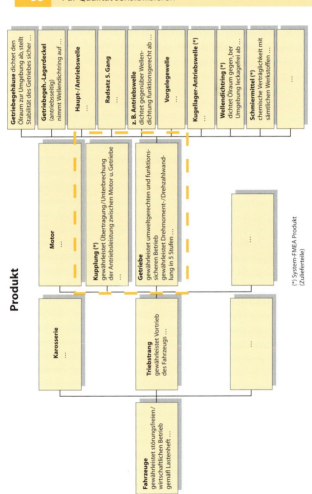

Bild 28: *FMEA – Funktionsanalyse*

Qualität der Produkte

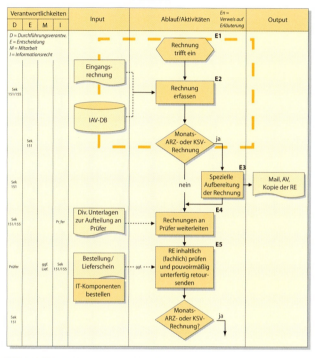

Bild 28: *FMEA – Funktionsanalyse (Fortsetzung)*

68 Für Qualität sensibilisieren

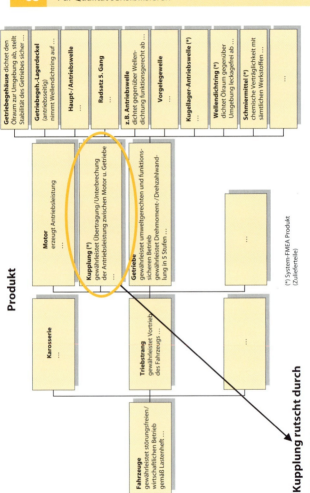

Bild 29: FMEA – Fehleranalyse

Qualität der Produkte 69

Prozessschritt dauert zu lange

Verantwortlichkeiten				Input	Ablauf/Aktivitäten	$En =$ Verweis auf Erläuterung	Output
D	E	M	I				
D = Durchführungsverantw. E = Entscheidung M = Mitarbeit I = Informationsrecht					E1 Rechnung trifft ein		
Sek 151/155				Eingangsrechnung IAV-DB	E2 Rechnung erfassen		
	Sek 151				Monats-ARZ- oder KSV-Rechnung	ja	
Sek 151					nein → Spezielle Aufbereitung der Rechnung ← E3		Mail, AV, Kopie der RE
Sek 151/155			Prüfer	Div. Unterlagen zur Aufteilung an Prüfer	Rechnungen an Prüfer weiterleiten	E4	
Prüfer		ggf. Lief.	Sek 151/155	Bestellung/Lieferschein IT-Komponenten bestellen	RE inhaltlich (fachlich) prüfen und pouvoirmäßig unterfertig retour-senden	E5	
Sek 151					Monats-ARZ- oder KSV-Rechnung?	ja	

Bild 29: *FMEA – Fehleranalyse (Fortsetzung)*

Für Qualität sensibilisieren

Systeme / Merkmale	Potentielle Fehler	Potentielle Folgen der Fehler	Potentielle Fehlerursache	Derzeitige Zustand Vorgesehene Prüfmaßnahme	A	B	E	RPZ	Empfohlene Abstellmaßnahme	Verantwortlichkeit	Verbesserter Zustand Getroffene Maßnahmen
Kundenberatungsprozess	Der Kunde wird falsch beraten	Kunde erkennt die falsche Beratung sobald er sich vergleichbare Angebote einholt und entscheidet sich gegen unser Angebot	Ungenügender Schulungserfolg	Keine	6	9	9	486	Stand: 8.7.2006 Mitarbeiter müssen nach der Schulung eine Prüfung bestehen, um erworbenes Wissen nachzuweisen: Prüfung	Herr Müller 1.3.2006	
			Zu geringer Schulungsaufwand	Keine	7	9	9	567	Stand: 8.7.2006 Erhebung des Schulungsbedarfs für jeden Mitarbeiter durch den Vorgesetzten im Rahmen des Mitarbeitergesprächs: Mitarbeitergespräch	Frau Riemer 1.3.2006	
			Fehlerhafte Information	Gelegentliche zufällige Entdeckung aufmerksamer Kunden und Mitarbeiter	6	9	5	270	Stand: Okt. 2005 Jede Informationsbroschüre wird zukünftig durch die Abteilungsleiter geprüft und gegengezeichnet: Prüfung	Alle Abteilungsleiter ab sofort	Abgeschl.: Okt. 2005 Jede Informationsbroschüre wird zukünftig durch die Abteilungsleiter geprüft und gegengezeichnet Prüfung
			Mangelndes Engagement des Mitarbeiters	Keine	7	9	7	441	Stand: 8.7.2005 Durchführung regelmäßiger Mitarbeitergespräche: Mitarbeitergespräche	Alle Abteilungsleiter ab sofort	

Bild 30: *FMEA-Tabelle [Loos, S.]*

4 Qualität realisieren

Getroffene Vereinbarungen, Festlegungen und Regeln umzusetzen und damit zu vitalisieren stößt häufig auf unerwartete Widerstände und Probleme. Konrad Lorenz fügte diese Tatsache in die Worte: „Gesagt ist nicht gehört, gehört ist nicht verstanden, und verstanden ist nicht einverstanden!" Diese provokative Feststellung soll dieses Kapitel charakterisieren. Wie bringe ich die Menschen dazu, Neuerungen anzunehmen und Altes bewusst zu entlernen?

4.1 Qualität der Potenziale

Die Realisierung der Qualität der Potenziale verlangt viel Fingerspitzengefühl, geht es hier doch, im Vergleich zur Qualität der Produkte und der Prozesse, vornehmlich darum, Festlegungen und Vereinbarungen im Unternehmen umzusetzen. Ein sehr wichtiges Kriterium für ein erfolgreiches Qualitätsmanagementsystem liegt in der Fähigkeit des Unternehmens, mit Veränderungen positiv umzugehen. Dazu ist es allerdings erforderlich, sich mit dem Thema Kommunikation und Wandel näher zu befassen.

4.1.1 Kommunikation und Wandel

„The greatest difficulty in the world is not for people to accept new ideas, but to make them forget about old ideas." (John Maynard Keynes).

WORUM GEHT ES?

Kommunikation und Wandel

Menschen sind im Umgang mit Veränderungen oft überfordert, da sie Neues aktiv aufnehmen sollen, aber doch in Gewohntem bleiben. So sammeln sich in den Köpfen sukzessive Altlasten und schwere Rucksäcke an, die unbewusst weitergeschleppt werden und extrem belastend wirken, bis Neues einfach nicht mehr aufgenommen werden kann.

 Unterstützt wird die psychische Belastung durch Veränderungen, die den Mitarbeitern ohne Erklärung der Sinnhaftigkeit aufgezwungen werden. Hier tritt der so genannte Passagiereffekt ein – der Mitarbeiter fühlt sich wie ein Passagier in einem Flugzeug: Er hat keine Möglichkeit, in die Steuerung einzugreifen, und muss sich auf die Leistung der Piloten voll verlassen. Dies führt bei Flugpassagieren oft zu Angstzuständen und Aggressionen, bei Mitarbeitern führt die äquivalente Situation zu inneren Widerständen, die sich mit der Zeit zu offenen Widerständen auswachsen können. Beachtet man diese Widerstände nicht, dann kann es schnell zu Blockaden und Konflikten kommen.

WAS BRINGT ES?

Nur die aktive Einbeziehung der Mitarbeiter in den Veränderungsprozess reduziert die Widerstände und macht Wandel erst möglich. Dabei steht Wandel für das Konzept der institutionalisierten Veränderungen. Man könnte auch sagen: Wandel ist die natürliche Abfolge von Altem und Neuem. Die Schaffung der mentalen und organisatorischen Voraussetzungen, um Veränderungen als Bestandteil der Unternehmenskultur zu integrieren, ist die Voraussetzung für Wandel.

WIE GEHE ICH VOR?

Wandel durch Kommunikation

Wandel hat einen starken Bezug zu Kommunikation im Unternehmen. Vor allem im Zuge des Aufbaues von Qualitätsmanagementsystemen ist auf die Gestaltung der Kommunikationsprozesse größter Wert zu legen, vor allem in der kritischen Phase der Vitalisierung des Qualitätsmanagementsystems. Neue Vereinbarungen, Festlegungen und Richtlinien müssen zur Anwendung gelangen, ohne bei den Mitarbeitern auf Ablehnung zu stoßen. Diese Ablehnung ist, wie bereits erwähnt, häufig eine natürliche Trotzreaktion. Hier rächt sich die durch zeitliche Engpässe vernachlässigte Kommunikation der Führung des Unternehmens. Auch Ängste sind im Spiel.

So sind Ängste vor

▶ erhöhtem Einblick in die Arbeit,
▶ vor vermehrter Einflussnahme von außen und
▶ vor Arbeitsplatzverlust

häufige Reaktionen auf Veränderungen.

 Problematisch ist die Tatsache, dass sich diese Ängste nicht so leicht identifizieren lassen. Kein Mitarbeiter wird zugeben, Angst zu haben. Vielmehr drücken sich solche Ängste subtil in Form von Widerständen gegen das Thema oder auch die Personen aus, die mit der Einführung betraut sind. Werden diese Anzeichen wahrgenommen, müssen sofort Kommunikationsmaßnahmen ergriffen werden. Oftmals können durch die Einhaltung elementarer Maßnahmen solche Hindernisse sogar vermieden werden.

Symptome für Widerstände

Zur Erkennung der Anzeichen des Widerstands soll Bild 31 Hilfestellung bieten.

Allgemeine Symptome für Widerstand		
	verbal (Reden)	**nonverbal (Verhalten)**
aktiv (Angriff)	Widerspruch Gegenargumentation Vorwürfe Drohungen Polemik sturer Formalismus	Aufregung Unruhe Streit Intrigen Gerüchte Cliquenbildung
passiv (Furcht)	Ausweichen Schweigen Bagatellisieren Sarkasmus ins Lächerliche ziehen Verteidigung	Lustlosigkeit Unaufmerksamkeit Müdigkeit Fernbleiben innere Emigration Krankheit

Bild 31: *Symptome für Widerstand [Glasl, F.]*

Gegenmaßnahmen bei Widerständen

Bei den Gegenmaßnahmen geht es darum, ein Netzwerk regelmäßiger Führungsbesprechungen über alle Ebenen von oben nach unten aufzubauen, die strukturiert einerseits Informationen weitergeben und andererseits Informationen aufnehmen:

▶ Klausurtagungen und Workshops,
▶ Dialogveranstaltungen im größeren Kreis (Strategieklausur, Mitarbeiterforum),
▶ Mitarbeitergespräch, Feedbacksituationen mit Mitarbeitern,

- Betriebsversammlung, Mitarbeiterbefragung, Betriebs- und Mitarbeiterzeitung,
- Informationsmarkt, Informationsvernissagen,
- Controllingsysteme,
- „wandering around"-Situationen,
- informelle Gesprächsrunden, Feste und Ausflüge,
- Begegnungsräume im Arbeitsumfeld.

Die ausgewählten Maßnahmen im Rahmen des Programms werden sinnvollerweise in Form abgestimmter Aktivitäten durchgeführt. Dies bietet für die KMU den Vorteil einer gesicherten, abgestimmten und auf die Unternehmensbedürfnisse maßgeschneiderten Vorgehensweise mit minimaler Ressourcenbindung.

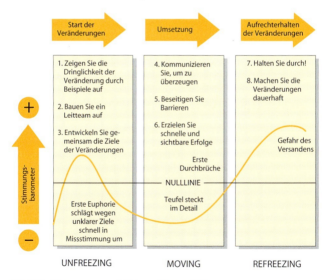

Bild 32: *Management of Change [Kotter, J.P.]*

4.1.2 Management der Veränderung

WORUM GEHT ES?

> **Management der Veränderung**
>
> Die Prozesse der Veränderung können grundsätzlich in drei Phasen (Bild 32; Kotter) gegliedert werden. Dazu gehört zunächst die Phase des Auftauens „Unfreezing". In dieser Phase wird die Organisation auf die Veränderung vorbereitet. In der Bewegungsphase „Moving" arbeitet sich die Organisation in die gewählte Richtung. Und in der abschließenden Vereisungsphase „Freezing" wird die Veränderung eingefroren und damit dauerhaft gemacht.

WAS BRINGT ES?

Veränderungen können gesteuert werden, sobald man sich der Phasen (siehe oben) und der wichtigen Einflüsse bewusst ist. Folgende Hilfe soll die Veränderungen schneller zu einem guten Ende bringen.

WIE GEHE ICH VOR?

1. Dringlichkeit der Veränderung zeigen

▶ Zeigen Sie die Dringlichkeit der Veränderungen auf, indem Sie die Probleme anhand von Beispielen sichtbar machen.
▶ Beispielsweise: „Gestern beschwerte sich ein Kunde über die Unvollständigkeit unserer Lieferungen. Die Lieferung entsprach nur zu 50% seinen Wünschen. Dies bedeutet für den Kunden eine Projektverzögerung von drei Wochen."

2. Leitteam einsetzen

▶ Bauen Sie ein Leitteam auf, mit dessen Hilfe Sie Veränderungen in Gang setzen und bewegen. Wählen Sie die Teammitglieder sorgfältig aus. Achten Sie ganz bewusst auf eine gesunde Mischung aus Mitarbeitern aus allen Bereichen des Unternehmens, klammern Sie dabei keine Bereiche aus. Vereinbaren Sie klare Spielregeln (z. B. Sitzungsregelungen) und schaffen Sie eine offene und Vertrauen erweckende Atmosphäre. Die Mitglieder brauchen Zeit, sich als Team zu fühlen. Fördern Sie diesen Prozess durch gemeinsame Aktivitäten.

3. Mitarbeiter einbeziehen und klare Ziele setzen

▶ Angebote zur Mitgestaltung und Mitbestimmung sind wichtig, müssen aber organisatorisch vorbereitet werden. Leitteams sind ein richtiger Schritt, oftmals sind aber nicht alle Mitarbeiter in solchen Teams integriert. Um also auch jene Mitarbeiter zu erreichen, die nicht in Prozessteams organisiert sind, bieten sich kleine Informationsveranstaltungen, Befragungen und regelmäßige Rundgänge mit persönlichen Gesprächen als wirksame Maßnahmen der Kommunikation an.

▶ Entwickeln Sie mit Ihrem Team gemeinsam die Ziele der Veränderung. Nur wenn allen klar ist, wohin der Weg geht, kann ein konzertiertes und abgestimmtes Vorgehen garantiert werden.

4. Kommuniziere den Wandel

Achten Sie bewusst auf folgende Punkte der Gestaltung von Kommunikation und Information:

- Halten Sie bewusst eine Regelmäßigkeit in der terminlichen Gestaltung von Informationsveranstaltungen oder Gesprächen ein. Dies gibt den Mitarbeitern ein Gefühl des Vertrauens und reduziert die Gefühle des „Sich-ausgeschlossen-Fühlens".
- Gestalten Sie die Informationsveranstaltungen mit Sorgfalt. Organisatorische Schlampigkeiten beispielsweise werfen ein schlechtes Licht auf das zu kommunizierende Vorhaben oder Projekt des Wandels.
- Nehmen Sie sich bewusst Zeit für Fragen und Einwürfe Ihres Publikums. Bei kontroversen Themen helfen immer Zahlen, Daten, Fakten. Dies führt uns zu unserem letzten Punkt.
- Bereiten Sie sich inhaltlich gut vor. Haben Sie Zahlen, Daten und Fakten bei der Hand, gibt dies wenig Angriffsfläche. Bleiben Themen aus zeitlichen oder informationstechnischen Gründen unbeantwortet, so bringen Sie diese Themen im nächsten Gespräch.

5. Entferne Probleme proaktiv

- Beseitigen Sie Probleme so schnell wie möglich, am besten noch, bevor diese virulent werden. Jegliche Verzögerung der Lösung führt zu einer Prolongierung und Verkrustung der Probleme.

6. Erziele sichtbare Erfolge

- Dieser Tipp trägt eine Zwiespältigkeit in sich. Natürlich sollen Erfolge nachhaltig sein und die Wege zu diesen Erfolgen können sich dementsprechend zeitlich ausdehnen. Dennoch: Erzielen Sie schnelle und sichtbare Erfolge (Quick Wins) – und kommunizieren Sie diese. Dies gibt

Ihren Veränderungsprojekten einen guten Namen. Nehmen Sie Bedacht darauf, jene Personen auch zu belobigen, die an diesen Erfolgen beteiligt waren.

7. Durchhalten

▶ Sie werden Phasen durchlaufen, deren Erfolg keineswegs gesichert scheint. Achten Sie auf Konstanz in Ihren Sitzungen und bleiben Sie unbeirrt. Steter Tropfen höhlt den Stein.

8. Fixierung der Veränderung

Machen Sie die Erfolge im ganzen Unternehmen wahrnehmbar. Die Belegschaft soll vom Erfolg der Veränderungen hören, ihn sehen und spüren können.

▶ Verbreiten Sie die Erfolge nicht nur über die formellen Kanäle (Firmenzeitung, Internet etc.), sondern achten Sie sehr darauf, dass sich die Erfolgsgeschichten auch inoffiziell verbreiten. Dies bedeutet für die Organisation, sich bewusst dem erhöhten Kommunikationsaufwand zu stellen und diese Zeiten der Kommunikation einzuplanen.
▶ Achten Sie darauf, das Wissen um die Methoden, Mittel und Wege zur erfolgreichen Veränderung im Unternehmen zu speichern. Dies gelingt gut über ein Protokoll, das die wichtigsten Inhalte der Aktivitäten zusammenfasst.

Folgende Punkte sind im Protokoll von Interesse:

▶ Ausgangssituation: Wie sehen die Umstände aus, die eine Maßnahme zur Veränderung notwendig machen? Beschreiben Sie die Problem-

stellung ausführlich. Achten Sie auf die Beantwortung folgender Fragen: Wer, was, wann, wo, warum, wie viel?
- Selektion der Maßnahmen: Welche Alternativen bieten sich zur Lösung des Problems an und welche Gründe haben zur Selektion einer dieser Maßnahmen geführt?
- Umsetzung: Wie gehen Sie bei der Realisierung vor, welche Hürden und Stolpersteine haben sich ergeben?
- Erfolgsnachweis: Welche Beweise oder Belege gibt es für Ihren Erfolg?

4.1.3 Krisen und Konflikte

WORUM GEHT ES?

Krisen und Konflikte
Innerhalb der Veränderungsprozesse kommt es häufig zu Widerständen, die bei einer Nichtbehandlung zu Blockaden und schließlich zu Konflikten und Krisen führen können.

WAS BRINGT ES?

Krisen und Konflikte können gemanagt werden, sofern man diese erkennt und die richtigen Maßnahmen setzt.

WIE GEHE ICH VOR?

Per Definition kommt es dann zu Konflikten, wenn eine **gegenseitige Abhängigkeit** zwischen zwei oder mehreren Beteiligten besteht und die betroffenen Personen ihre **eigenen Interessen**, im Bewusstsein der gegnerischen Position, mit Nachdruck vertreten.

Konflikteskalation

Um eine entsprechende Konfliktbehandlungsmethode einsetzen zu können, muss man zuerst erkennen, wie weit der Konflikt schon fortgeschritten ist. Glasl unterscheidet in seinem neunstufigen Modell drei übergeordnete Phasen, in denen sich ein Konflikt befinden kann. Die Eskalationsstufen erfordern spezifische Konfliktbehandlungsmethoden [Glasl, F.]:

Konflikteskalationsstufen

Phase 1: Win-Win-Situation
In der ersten Stufe können beide Parteien noch gewinnen.

▶ **Stufe 1: Spannung**
Konflikte beginnen mit Spannungen, z.B. gelegentliches Aufeinanderprallen von Meinungen. Es ist alltäglich und wird nicht als Beginn eines Konflikts wahrgenommen. Wenn daraus doch ein Konflikt entsteht, werden die Meinungen fundamentaler. Der Konflikt könnte tiefere Ursachen haben.

▶ **Stufe 2: Polarisation und Debatte**
Ab hier überlegen sich die Konfliktpartner Strategien, um den Anderen von seinen Argumenten zu überzeugen. Meinungsverschiedenheiten führen zu einem Streit. Man will den Anderen unter Druck setzen.

▶ **Stufe 3: Taten statt Worte**
Die Konfliktpartner erhöhen den Druck auf den Anderen, um sich oder seine Meinung durchzusetzen. Gespräche werden z.B. abgebrochen. Es findet keine Kommunikation mehr statt und der Konflikt verschärft sich schneller. Symbolverhalten gewinnt große Bedeutung. Die Situation wird komplexer und für die Parteien weniger steuerbar.

Phase 2: Win-Lose-Situation

Ist der Konflikt in die Phase 2 übergetreten, kann nur mehr eine Partei gewinnen, dies verschärft den Konflikt noch weiter.

▶ **Stufe 4: Sorge um Image und Koalition**
Der Konflikt verschärft sich dadurch, dass man Sympathisanten für seine Sache sucht. Da man sich im Recht glaubt, kann man den Gegner denunzieren. Es geht nicht mehr um die Sache, sondern darum, den Konflikt zu gewinnen, damit der Gegner verliert.

▶ **Stufe 5: Gesichtsverluste**
Der Gegner soll in seiner Identität vernichtet werden durch alle möglichen Unterstellungen o. Ä. Hier ist der Vertrauensverlust vollständig. Gesichtsverlust bedeutet in diesem Sinne Verlust der moralischen Glaubwürdigkeit.

▶ **Stufe 6: Drohstrategien**
Mit Drohungen versuchen die Konfliktparteien, die Situation absolut zu kontrollieren. Sie soll die eigene Macht veranschaulichen. Man droht z. B. mit einer Forderung (10 Mio. Euro), die durch eine Sanktion („Sonst verklage ich Sie und Ihre Partner!") verschärft und durch das Sanktionspotenzial (Rechtsstudie) untermauert wird. Hier entscheiden die Proportionen über die Glaubwürdigkeit der Drohung.

Phase 3: Lose-Lose-Situation

Tritt der Konflikt in die dritte Phase über, gibt es nur noch Verlierer, keine Partei hat die Chance, einen Sieg ohne eigene Verluste zu erringen.

▶ **Stufe 7: Begrenzte Vernichtungsschläge**
Hier soll dem Gegner mit allen Tricks empfindlich gescha-

det werden. Der Gegner wird nicht mehr als Mensch wahrgenommen. Ab hier wird ein begrenzter eigener Schaden schon als Gewinn angesehen, sollte der des Gegners größer sein.

▶ **Stufe 8: Zersplitterung**
Der Gegner soll mit Vernichtungsaktionen zerstört werden. Die Zerstörung richtet sich auf die Lebenszentren des Gegners. Letzte Stufe, bei der die eigene Vernichtung noch vermieden werden soll.

▶ **Stufe 9: Gemeinsam in den Abgrund**
Es führt kein Weg mehr zurück, totale Konfrontation. Die Zerstörung des Feindes auch auf Kosten des eigenen Lebens.

Konfliktlösungsmethoden

Nachdem man einen beliebigen Konflikt einer der obig genannten Eskalationsstufen zugeordnet hat, kann man in Abhängigkeit der Eskalationsstufe folgende Konfliktlösungsmethoden verwenden:

Moderation (Stufe 1 – 3):
▶ Der Moderator nimmt eine neutrale Haltung ein, zeichnet die Konfliktsituation auf, klärt die Streitpunkte und unterstützt die Konfliktparteien nach dem Motto „Hilfe zur Selbsthilfe".

Prozessbegleitung (Stufe 3 – 5):
▶ Ist ein längerfristiges Vorhaben, bei dem die Prozessbegleiter kein Durchsetzungsvermögen haben, sondern in erster Linie auf eine Verbesserung der Beziehung zwischen den Konfliktparteien abzielen.

Soziotherapeutische Prozessbegleitung (Stufe 4 – 6):
▶ Mehr Tiefgang als bei der Prozessbegleitung, Fokussierung auf die Individuen. Direkte Konfrontation der Parteien erst zu einem späteren Zeitpunkt der Begleitung.

Vermittlung (Stufe 5 – 7):
▶ Der Vermittler stellt sich zwischen die Parteien und kanalisiert ihre gegenseitigen Beziehungen. Er droht, die öffentliche Meinung zu mobilisieren oder seine Funktion niederzulegen.

Schiedsverfahren (Stufe 6 – 8):
▶ Der Schiedsspruch beschränkt sich nur auf die akute Situation, die Heilung des gewachsenen Konfliktes wird dadurch selten erreicht.

Machteingriff (Stufe 7 – 9):
▶ Konfliktparteien werden durch Übermacht unterworfen, Konfliktparteien werden auseinander gehalten, um Allianzen gegen Machtinhaber zu vermeiden.

> **Nach der Konfliktbehandlung**
> Wichtig ist, nach jeder Konfliktbehandlungsmethode die Wirkung und die Nachhaltigkeit zu überprüfen. Längerfristiges Ziel ist, die Konfliktparteien zu befähigen, möglichst selbständig an Spannungen und Konflikten zu arbeiten.

4.2 Qualität der Prozesse

Die Neudefinition oder Überarbeitung von Prozessen im Sinne einer Verbesserung der Leistung des Unternehmens ist eines der wichtigsten Ergebnisse des Aufbaues eines Qualitätsmanagementsystems. Die im vorherigen Kapitel erwähnten mentalen Barrieren im Veränderungsprozess gelten auch hier, wir wollen uns nun vornehmlich mit der prozesstechnischen Seite der Veränderung auseinander setzen.

Prozessbegehung

Prozesse stellen bei der Realisierung eine spezielle Herausforderung dar. Der Grund dafür liegt darin, dass festgelegte Prozesse zwar in der Theorie sehr gut aussehen können, jedoch die Praxis dieser theoretischen Einschätzung ungünstigerweise widerspricht. Um dieser Problematik Einhalt zu gebieten, empfiehlt es sich, die Prozesse vor Inkraftsetzung zu „begehen" (Bild 33).

WORUM GEHT ES?

Prozessbegehung

Prozesse zu begehen bedeutet, mit den Mitarbeitern des Prozesses gemeinsam die einzelnen Schritte des Prozesses in der realen Umgebung durchzuführen und explizit die Unterschiede und Abweichungen zum vergangenen Prozess zu erläutern. Es ist darauf zu achten, die Prozessbegehung in einem ausreichenden zeitlichen Abstand zur geplanten Inkraftsetzung durchzuführen, um etwaige Änderungswünsche der Mitarbeiter des Prozesses noch berücksichtigen zu können. Da solche Änderungen bei Produktionsprozessen, aber auch Dienstleistungsprozessen umgebende Prozesse betreffen können, ist ein entsprechender zeitlicher Rahmen für Verbesserungen und Korrekturen einzuplanen.

86 Qualität realisieren

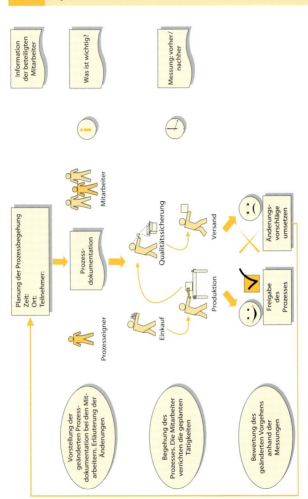

Bild 33: *Prozessbegehung*

WAS BRINGT ES?

Mitarbeiter werden während der Prozessbegehung auf die Änderungen hingewiesen und üben die Änderungen sofort am Arbeitsplatz ein. Dies erleichtert den Einstieg erheblich, steigert die Lernkurve und senkt die anfänglich meist hohen Fehlerquoten.

Änderungswünsche werden vom Mitarbeiter direkt an den Prozesseigner oder Qualitätsmanager gerichtet und können sehr schnell und effizient einer Lösung zugeführt werden.

Dies fördert die Akzeptanz des neuen Prozesses durch die Mitarbeiter und reduziert die Anfangsschwierigkeiten dramatisch.

WIE GEHE ICH VOR?

1. Planung der Prozessbegehung

▶ Legen Sie fest, wer an der Prozessbegehung teilnehmen soll. Achten Sie darauf, auch jene Mitarbeiter einzuladen, die Schnittstellenpositionen zu anderen Prozessen einnehmen.

2. Vorstellung des geänderten Prozesses

▶ Stellen Sie den Mitarbeitern die Dokumentation und den Prozess selbst vor. Achten Sie darauf, dass alle Mitarbeiter die Dokumentation verstehen.

▶ Gehen Sie auf alle geänderten Details gesondert ein und erläutern Sie die Gründe der Änderungen.

3. Durchführung der Prozessbegehung

▶ Alle beteiligten Mitarbeiter nehmen an der Begehung teil. Die Begehung ist ein Wechselspiel zwischen praktischer

Tätigkeit und Besprechung der geplanten Änderungen im Prozess.

4. Bewertung

▶ Jeder Mitarbeiter darf seine Änderungswünsche und Bedürfnisse bekannt geben. Die Begehung hat hier vor allem den Sinn, die Änderungswünsche plakativ vor Ort zu erläutern und durch direktes Feedback der Mitarbeiter den letzten Schliff anzulegen.

4.2.2 Gewinnen der Mitarbeiter

WORUM GEHT ES?

> **Gewinnen der Mitarbeiter**
> Die Prozessbegehung ist fürs Hirn, das Feuer ist allerdings erst noch zu entfachen. Mitarbeiter müssen in der Realisierungsphase auch innerlich von den geänderten Prozessen überzeugt werden, wobei als Maxime gilt: „Mache die Betroffenen zu Beteiligten!"

WAS BRINGT ES?

Durch kleine Gesten, Symbole, Rituale und Veranstaltungen kann man die Mitarbeiter auf der Gefühlsebene ansprechen und gewinnen. Hier gilt wie auch schon bei Paracelsus: „Alle Ding' sind Gift und nichts ohn' Gift; allein die Dosis macht, dass ein Ding kein Gift ist."

WIE GEHE ICH VOR?

Es empfiehlt sich, die Erfolge zu dokumentieren und zu veröffentlichen. Dies kann beispielsweise in Form eines internen Wettbewerbes geschehen, in dem jener Prozess mit der höchsten Fehlerkostenreduktion den Preis gewinnt (Bild 34).

Eine weitere Möglichkeit, um die Mitarbeiter zu gewinnen, liegt in der Schaffung von Qualitätsbewusstsein. Dies kann ohne weiteres auch über originelle Geschenke gehen, sollte aber eng mit dem Thema verknüpft sein. Als Beispiel sei der Qualitätsspiegel angeführt (Bild 35). Der Spiegel trägt auf der einen Seite die Aufschrift: „Wer ist bei uns für Qualität zuständig?", auf der anderen Seite finden die Mitarbeiter ihr eigenes Spiegelbild wieder. Der Aha-Effekt ist garantiert, der Bewusstseinsprozess gestartet.

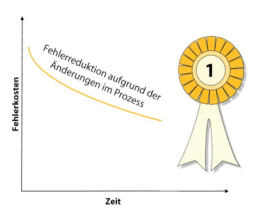

Bild 34: *Auszeichnung des erfolgreichen Prozesses*

Rückseite des
Spiegels

Eigenes
Spiegelbild

Bild 35: *Qualitätsspiegel*

4.3 Qualität der Produkte

Gerade dort, wo Produkte und Dienstleistungen eingeführt werden, muss auf die Aktualität der Vorgaben und Dokumentationen geachtet werden. Fehler können sich gerade hier sehr ernsthaft auswirken, stehen doch Produkte und Dienstleistungen in direktem Kontakt zum Kunden.

WORUM GEHT ES?

Neue Qualitätsvorgaben

Produkte und Dienstleistungen unterliegen meist konkreter Qualitätsrichtlinien, die im Falle einer Änderung getauscht werden müssen.

WAS BRINGT ES?

Was sich so simpel anhört, ist in vielen Fällen eine Herausforderung, die Fallstricke und Hürden birgt. Diese liegen keineswegs darin, die neuen Richtlinien und Anweisungen zu den richtigen Stellen zu leiten, sondern die Schwierigkeiten beginnen da, wo „alte" Anweisungen Platz machen müssen und eigentlich der Vernichtung zugeführt werden sollten. Inoffizielle Kopien, „versteckte" Regelwerke und unsortierte Ablagen erweisen sich als die Hauptgründe der Probleme.

WIE GEHE ICH VOR?

Wir behandeln nun zwei Möglichkeiten. Erstens: Die Richtlinien und Dokumentationen sind auf Papier festgehalten. Zweitens: Sie sind elektronisch vorhanden.

Papier

- Begleiten Sie persönlich die neuen Richtlinien an die Arbeitsplätze und sammeln Sie persönlich die alten Dokumente ein.
- Weisen Sie persönlich auf die potentiellen Probleme hin, die im Zusammenhang mit der versehentlichen Benutzung der falschen Richtlinien eintreten können.
- Weisen Sie auch auf die rechtliche Dimension, Stichwort Produkthaftung, und andere rechtlich relevante Inhalte hin.
- Unterschriftenlisten sind sinnvoll, um die Verteilung der Dokumente rückverfolgen zu können.

Elektronisch

- Bestehen Sie auf der elektronischen Bestätigung des Erhalts der neuen Dokumente.
- Stellen Sie sicher, dass alte Dateien und Archive gespeichert oder gelöscht werden (konform den Aufbewahrungsrichtlinien).

5 Qualität leben

Erfolgreiche Qualitätsmanagementsysteme wandeln auf dem sprichwörtlichen Grat. Sie bewähren sich im Alltag nur, wenn sie bei den Mitarbeitern die nötige Akzeptanz finden. Andererseits ist das Qualitätsmanagementsystem nur dann wirklich wertvoll und nutzbringend, wenn die ständige Verbesserung auch wirtschaftlichen Nutzen stiftet. Es gilt ein Gleichgewicht herzustellen zwischen den Bedürfnissen der Mitarbeiter und den wirtschaftlichen Notwendigkeiten zur Sicherung des Fortbestandes des Unternehmens. Folgende Fragen stellen sich in der Phase „Qualität leben":

- ▶ Wie wird die Beurteilung der Leistungsfähigkeit des QMS organisiert und betrieben, wie sehen die anschließenden Lernprozesse aus (internes Audit und Management-Review)?
- ▶ Wie werden die Prozesse in die Unternehmensführung integriert und damit eine wichtige Grundlage zur Umsetzung der strategischen Vorhaben geschaffen?
- ▶ Wie fließen Forderungen des Marktes und der Kunden, technische Innovationen und Weiterentwicklungen des Mitbewerbs in die Produkte und Dienstleistungen ein?

5.1 Qualität der Potenziale

Wichtiger Bestandteil für das Leben von Qualität im Unternehmen ist die regelmäßige Beurteilung des QMS mit Hilfe von internen Audits und Management-Reviews.

5.1.1 Interne Audits

WORUM GEHT ES?

> **Interne Audits**
>
> Interne Audits messen die Leistungsfähigkeit des Qualitätsmanagementsystems und stützen sich dabei auf
>
> - Dokumentationen,
> - Mitarbeiter und
> - Prozesse.

WAS BRINGT ES?

Ziel interner Audits ist die Aufdeckung und Aktivierung der Verbesserungspotenziale. Das optimale Ergebnis des Audits sind gemeinsam mit den Mitarbeitern (Bild 36) gefundene und vereinbarte Verbesserungsmaßnahmen.

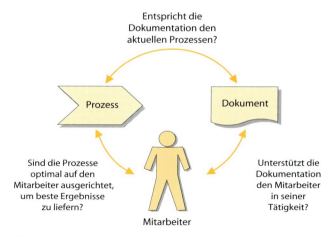

Bild 36: *Stützen des internen Audits*

Die für Audits bestimmende Norm ist die ISO 19011. Sie bestimmt die Planung, Durchführung und Nachbereitung der Audits [siehe Pocket Power „Qualitätsaudit"]. Wie ein Audit zu managen und durchzuführen ist zeigt Bild 37.

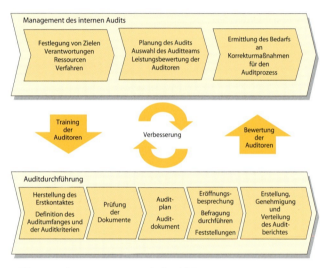

Bild 37: *Auditmanagement und -durchführung*

WIE GEHE ICH VOR?

Management des internen Audits

Interne Audits müssen zeitlich, organisatorisch und personell geplant werden.

Festlegung der **Ziele** des internen Audits:
▶ Generell sind das Ziel die Feststellung der Verbesserungspotenziale und die Vereinbarung der Maßnahmen ge-

meinsam mit der Belegschaft. Häufig wird das Ziel auch sehr pragmatisch dargelegt, z. B. in der Schaffung und Erfüllung aller Voraussetzungen zur Zertifizierung nach ISO 9001:2000.

Festlegung der **Verantwortlichkeiten**:
Wer managt die Auditprozesse, wer leitet die Auditdurchführung, wer unterstützt sie?

▶ Das Auditmanagement sollte einem Mitglied der Geschäftsführung obliegen, da die meisten Entscheidungen in diesem Zusammenhang Führung, Budget und Termine betreffen.

Welche zeitlichen und finanziellen **Ressourcen** soll ein internes Audit im Unternehmen einnehmen?
▶ Üblicherweise nehmen an einem Audit zwei Auditoren teil. In KMU werden gemeinhin ein bis vier Tage für interne Audits verplant. Die Anzahl der Tage richtet sich nach der Größe des Unternehmens, der Anzahl der Mitarbeiter und der Anzahl etwaiger Filialen. Generell ist die Wirtschaftlichkeit der Audits immer im Auge zu behalten.

Nach welchem **Verfahren** wird vorgegangen?
▶ Die Befragung der Mitarbeiter anhand vorbereiteter Checklisten ist die übliche Vorgehensweise. Dabei muss klar sein, dass dieses Vorgehen einen stichprobenartigen Prüfcharakter hat. Es ist unwirtschaftlich, alle Verbesserungspotenziale finden zu wollen, der Aufwand würde dem Ergebnis nicht entsprechen.

Bei der **Planung des Audits** ist auf folgende Faktoren zu achten:
- Zeit: Die zeitliche Festlegung des Termins sollte hinsichtlich saisonaler Auftragsspitzen so gelegt werden, dass Kollisionen vermieden werden. Auch Urlaubszeiten sind mit zu berücksichtigen.
- Information: Die zu auditierenden Unternehmenseinheiten sollten rechtzeitig und umfassend informiert werden.

Bei der **Auswahl des Auditorenteams** sollten folgende Voraussetzungen hinsichtlich Wissen und persönlicher Disposition gegeben sein:
- Es soll darauf geachtet werden, dass in der Auditdurchführung erfahrene Mitarbeiter eingesetzt werden. Kenntnisse der Normen (z. B. ISO 9001:2000) und der Kunst des Auditierens sind Voraussetzung für ein gelungenes Audit.
- In der Auditdurchführung sind auch die Persönlichkeitsmerkmale entscheidend. Die ISO 19011 gibt folgende Merkmale empfehlend vor: wahrheitsliebend, unparteiisch, aufrichtig, ehrlich, diskret, diplomatisch, schnelle Auffassungsgabe etc.

Die **Durchführung** des internen Audits
- beinhaltet vornehmlich die Feststellung der Abweichungen und, wenn bereits möglich, Kategorisierung der Abweichungen [siehe Pocket Power „Qualitätsaudit"].

Abschlussgespräch
- Im Abschlussgespräch werden die festgestellten Beobachtungen erläutert, wird die Kategorisierung der Abweichungen begründet und werden weitere Schritte besprochen. Für die Auditierten bietet das Abschlussgespräch die

Möglichkeit, Einspruch zu erheben, falls Aspekte falsch dargestellt wurden.

Nachbereitung

In der Nachbereitungsphase wird der Auditbericht erstellt. Folgende Inhalte sind zweckmäßig:

- Allgemeine Angaben wie Datum, Auditoren, auditierter Bereich/Prozess/Produkt o. Ä.
- Beschreibung des Gesamteindrucks während des Audits.
- Angabe der relevanten Unterlagen/Vorgaben/Normen, die dem Audit zugrunde gelegt sind.
- Bei Beobachtungen müssen immer die Referenzen (z. B. Dokument, Formular o. Ä.) angeführt werden, um die Nachvollziehbarkeit zu wahren. Auch Positives ist im Auditbericht zu vermerken.

Der Auditbericht (Bild 38) wird an den Verantwortlichen des auditierten Bereiches übergeben. Der erfolgreiche Abschluss der vereinbarten Maßnahmen wird spätestens im Rahmen des nächsten Audits überprüft.

Die **Leistungsbewertung der Auditoren** ist ein wichtiges Werkzeug zur Verbesserung des Auditprozesses und der Auditorfähigkeiten.

- Günstigerweise findet die Bewertung durch einen Fragebogen, gerichtet an die auditierten Personen, statt:
- Wie gut die Auditoren die Teilnehmer bereits im Vorfeld des Audits informieren?
- Wie die inhaltliche und organisatorische Vorbereitung des Auditteams wirkt?
- Wie die Fachkenntnis des Auditteams und die Kenntnis der Normenforderungen beurteilt wird?

2. Gesamteindruck

Das QM-System wird in Form von QM-Handbuch, Prozessbeschreibungen sowie Checklisten etc. beschrieben und ist prozessorientiert aufgebaut.

Das QM-System ist seit vielen Jahren etabliert und fixer Bestandteil. Auf Grund der überwiegend langjährigen Zugehörigkeit der Mitarbeiter ist den Mitarbeitern das QM-System bekannt und wird auch gelebt.

Das Audit verlief in angenehmer entspannter Atmosphäre. Die Mitarbeiter geben offen Auskunft über ihre Tätigkeit und sind sehr kooperativ.

Beim diesjährigen internen Audit wurde kein Schwerpunkt gelegt. Es wurden alle Bereiche und Themen überblicksmäßig auditiert. Ebenfalls wurden die Verbesserungspotentiale aus dem internen Audit des Vorjahres nachverfolgt.

3. Katalogisierung der Korrekturen/Vorbeugung

Es sind zu den fett genannten Verbesserungspotenzialen Korrekturmaßnahmen zu ergreifen. Alle nicht fett gedruckten Maßnahmen sollen als Anregung zur Verbesserung gesehen werden. Alle *kursiv gedruckten* Punkte sind positive Aspekte des QM-Systems.

4. Auditpunkte/Verbesserungspotenzial

Pkt.	Verbesserungspotenzial
1.	Die Dokumentenmatrix muss überarbeitet werden: – die Q-Politik und Q-Ziele sind nicht verteilt – die Anweisung … scheint in der Dokumatrix auf, ist aktuell, jedoch nicht verteilt lt. Dokumatrix – die aufgelisteten Gesetze sind aktiv auf Aktualität zu prüfen
2.	Gesetze und behördliche Vorgaben sind ebenfalls Bestandteil der Dokumatrix
3.	Es liegen für alle Mitarbeitergruppen Stellenbeschreibungen vor

Bild 38: *Auszug aus einem Auditbericht [Wagner, K.]*

Qualität der Potenziale

- Wie die Art und Weise der Gesprächsführung empfunden wird?
- Ob Klarheit der Fragestellungen gegeben ist?
- Wie die Protokollierung und Auditberichterstellung geklappt hat.

Korrekturmaßnahmen für den Auditprozess

Die Ergebnisse aus der Analyse der retournierten Fragebögen führen zu weiteren Verbesserungen des Auditprozesses.

Gesprächsatmosphäre im Audit

WORUM GEHT ES?

> **Gesprächsatmosphäre im Audit**
>
> Die Auditsituation ist ein entscheidendes Kriterium für den Erfolg eines internen Audits. Der Auditor muss eine positive Gesprächsatmosphäre schaffen, die der vertrauensvollen Bearbeitung von Problembereichen und Verbesserungspotenzialen zuträglich ist.

WAS BRINGT ES?

Eine positive Gesprächsatmosphäre ist Ausgangspunkt für die offene und angstfreie Diskussion von Maßnahmen und Vereinbarungen. Die, wenn auch ungewollte, Erzeugung einer Prüfsituation sollte tunlichst vermieden werden. Nur so ist schnelles und lösungsorientiertes Auditieren möglich.

WIE GEHE ICH VOR?

Die Gesprächsatmosphäre bei der Durchführung der Befragung wird durch folgende Faktoren positiv beeinflusst:

- Nehmen Sie sich Zeit für die Durchführung eines Audits, achten Sie darauf, dass auch die Auditteilnehmer genug Zeit mitbringen.
- Schaffen Sie, wenn möglich, eine räumliche Abgrenzung des Auditgesprächs, um Ruhe zu gewährleisten.
- Leiten Sie das Audit durch eine Erläuterung des Sinns und Zwecks eines internen Audits ein, räumen Sie etwaige Ängste und Sorgen aus.
- Bereiten Sie einen Fragenkatalog vor, der die normativen Forderungen (z. B.: ISO 9001:2000) als auch die bereichsspezifischen Gegebenheiten berücksichtigt.
- Orientieren Sie ihre Fragetechnik an dem so genannten Trichterprinzip. Die Hauptaussage des Trichterprinzips besteht darin, zunächst durch offene Fragen (z. B. Warum? Wieso?) das Gesprächsgegenüber zu einer freien Schilderung zu bewegen und abschließend durch geschlossene Fragen (lassen als Antwort nur ja/nein zu) die Aussagen zu präzisieren.

Abweichungen im Audit

WORUM GEHT ES?

Abweichungen im Audit
Im Zuge eines Audits gemachte **Beobachtungen** werden als Haupt- oder Nebenabweichungen festgehalten und fließen als **Feststellungen** in den Auditbericht ein.

WAS BRINGT ES?

Festgestellte Abweichungen bei Audits sind Ausgangspunkt von Verbesserungen. Die Kategorisierung der Stärke der Abweichung schafft eine Hilfestellung bei der Priorisierung der Maßnahmen.

WIE GEHE ICH VOR?

Hauptabweichungen

sind Abweichungen von Normforderungen, z. B. der ISO 9001:2000. Dazu gehören unter anderem Abweichungen durch fehlende

- Erhebung der Kundenzufriedenheit,
- interne Audits und Auditberichte,
- Management-Reviews und Reviewberichte,
- Festlegungen der Dokumentenlenkung,
- Festlegungen der Aufzeichnungslenkung,
- Lieferantenbewertung

Nebenabweichungen

sind dies Verstöße gegen die internen Festlegungen (z. B. Vorgang wurde definiert, wird aber in anderer Form durchgeführt) als auch Unzulänglichkeiten, die in weiterer Folge Qualitätsprobleme und Fehler begünstigen. Dazu gehören beispielsweise

- unzulängliche Aufzeichnungen, die eine Rückverfolgbarkeit oder Prüfnachweisführung erschweren,
- nicht nachgewiesene Einschulung bei einigen Mitarbeitern in das QMS,
- lückenhafte Prozessmessung und Ergebnisauswertung

Die Dokumentation der Abweichungen ist sehr nützlich wenn es um Nachweise und Rückverfolgung des Audit-Geschehens geht. Bewahren Sie Ihre Auditchecklisten, Mitschriften, Protokolle auf und seien Sie genau bei den Eintragungen im Auditbericht.

5.1.2 Management-Review

WORUM GEHT ES?

Management-Reviews

Management-Reviews (MR) dienen der Analyse und Bewertung des Zielsystems und der Zielsetzungen von Qualitätsmanagementsystemen. Aus diesem Grund haben Management-Reviews, im Gegensatz zu den internen Audits, eine strategische Ausrichtung hinsichtlich der daraus resultierenden Entscheidungen.

WAS BRINGT ES?

Erwünschtes Ziel von MR ist das Verständnis der Zusammenhänge der Unternehmensziele durch die MR-Analysen. Die Neubewertung, Adaptierung und Korrektur der Ziele ist das Ergebnis des MR.

WIE GEHE ICH VOR?

Die erforderlichen Daten werden gesammelt und aufgezeichnet und an den Qualitätsbeauftragten weitergeleitet. Dieser verdichtet die Daten und übergibt diese an die Unternehmensführung zur Analyse und Bewertung. Ergebnis sind Erkenntnisse, die in Form von Maßnahmen und Zielen ihren Niederschlag im MR-Bericht finden. Die Umsetzung der

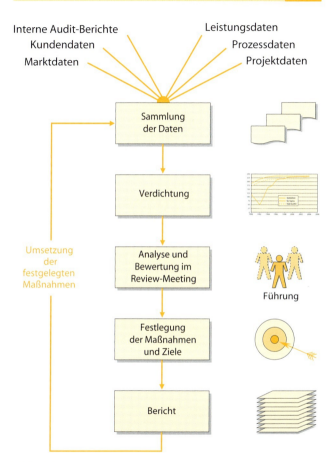

Bild 39: *Management-Review*

Maßnahmen wird an die verantwortliche Stelle delegiert (Bild 39). Der Erfolgsnachweis ist Input für den nächsten MR.

Oft werden ausschließlich operative Fragestellungen diskutiert, anstatt den strategischen Überblick über ein QMS zu schaffen. Die internationale Qualitätssicherungsnorm ISO 9001:2000 verleitet zu diesem Vorgehen mit dem Hinweis auf die von der obersten Leitung zu beurteilenden Daten wie Auditergebnisse, Kundenrückmeldungen, Prozessleistung, Produktkonformität, Status aller Maßnahmen zur Vorbeugung, Verbesserung etc. Dabei sind dies Daten und Auswertungen, die bereits innerhalb der Prozesse vordiskutiert und durch die Prozessteams im kleinen Regelkreis gelöst (Bild 40) werden können.

Verschieben Sie die Diskussion der operativen Ziele in die Prozessteams und machen Sie den Weg frei für eine, wie oben bereits angedeutet, strategische Nutzung des Management-Reviews und damit für eine Etablierung einer sinnvollen Kopplung des strategischen Controllings mit dem Qualitätsmanagementsystem.

Reportingkreise

WORUM GEHT ES?

Reportingkreise

Der eigentliche Sinn des MR ergibt sich aus der Diskussion und Bewertung von Synergien und Wechselwirkungen aller Unternehmensziele und damit der Bewertung des gesamten QMS.

WAS BRINGT ES?

Da Prozessziele am Erfolg der Unternehmensziele unmittelbar oder mittelbar beteiligt sind, empfiehlt es sich, die Zielsysteme gemäß der anschaulichen Darstellung der „großen und kleinen Regelkreise" zu gestalten (Bild 40).

WIE GEHE ICH VOR?

▶ Ordnen Sie die Qualitätsziele den einzelnen Punkten der Unternehmenspolitik zu, die ja ihrerseits die Wünsche der Interessenpartner der Organisation repräsentieren.

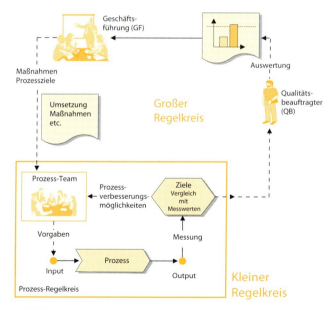

Bild 40: *Großer und kleiner Reporting-Regelkreis*

- Achten Sie auf geschickte Formulierung der Prozessziele (Herleitung aus der Unternehmenspolitik über die Qualitätsziele). Diese decken im Optimalfall bereits alle wesentlichen Infos zur Leistung des QMS ab (z. B. Kundenfeedback via Kundenzufriedenheitsbefragung ermittelt und dargestellt).
- Ordnen Sie auch die Prozessziele den Qualitätszielen zu. Damit lässt sich der Zielerfüllungsgrad der Qualitätspolitik einfach quantifizieren und damit ist auch der „große Regelkreis" geschlossen.
- Qualitätsbeauftragte ersparen sich viel Arbeit, wenn die Prozessteams für Prozesszielauswertungen inkl. Interpretation der Auswertungen bereits im Vorfeld des MR verantwortlich sind.
- Graphisch aufbereitete Auswertungen der Qualitätspolitikerfüllung erhöhen das Verständnis.
- Diskutieren Sie zielgerichtet im MR-Team über den Erfüllungsgrad der Qualitätspolitik und legen Sie damit die Diskussion auf die Ebene der Interessenpartner.
- Diskutieren Sie ganz bewusst die Prozesswechselwirkungen und stimmen Sie Maßnahmen mit allen betroffenen Prozesseignern ab.
- Verifizieren Sie die Stimmigkeit des „großen Regelkreises" und adaptieren Sie im Fall des Falles die Qualitätspolitik vor der erneuten Freigabe für die nächste Periode.
- Zu guter Letzt adaptieren Sie die Prozessziele, indem Sie diese an den aus der Qualitätspolitik abgeleiteten Qualitätszielen ausrichten und werten das MR aus (Bild 41).

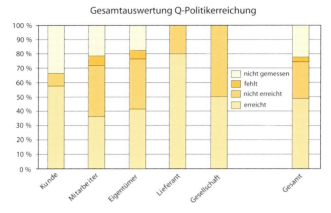

Bild 41: *Management-Review-Auswertung*

5.2 Qualität der Prozesse

5.2.1 Strategisches Kennzahlensystem

Um die Qualität von Prozessen zu messen, sind festgelegte Prozesskennzahlen wichtig. Meist sind diese Kennzahlen darauf ausgerichtet, die Fehlerquote zu verringern, die Prozesse zu beschleunigen oder die Kunden zufriedener zu stellen.

Wie gut müssen die Prozesse abschneiden, um dem Unternehmenserfolg zuträglich zu sein? Die Beantwortung dieser Frage erfordert die Verbindung zu den Strategien. Über die Strategien können sehr schnell und unkompliziert Aussagen zur strategischen Wichtigkeit bestimmter Prozesse getroffen werden. Dadurch kann die strategisch nötige Prozessleistung sehr schnell bestimmt werden.

Ein hilfreiches Instrument um Strategien und Prozessleistungen zu verbinden ist die Balanced Scorecard (BSC).

WORUM GEHT ES?

Balanced Scorecard

Die Balanced Scorecard ist eine Kommunikationsplattform für die Strategie des Unternehmens, sie schafft Klarheit und Übersicht zu folgenden Fragen:

- Was ist die Strategie des Unternehmens?
- Welche Ziele müssen erreicht werden, um die Strategie zu realisieren (strategische Ziele)?
- Welche Ziele lassen sich aus den strategischen Zielen für Mitarbeiter, Projekte, Prozesse, Investitionen und Initiativen ableiten?

Die Entwicklung der BSC wurde notwendig, als man erkannte, dass Unternehmen sehr große Probleme in der Realisierung der Strategieumsetzung haben. [Kaplan, R.S./Norton, D.P. (1996) und Pocket Power „Balanced Scorecard"]

WAS BRINGT ES?

Die BSC beleuchtet die Strategie aus vier verschiedenen Perspektiven (finanzielle Perspektive, Kundenperspektive, Prozessperspektive und Potenzialperspektive) und bildet damit die Strategie umfassend und ausgewogen (balanced) ab.

„Ausgewogen" bedeutet hier nicht nur die klassischen Ergebniskennzahlen in die BSC einfließen zu lassen sondern auch jene Kennzahlen, die zur Erfüllung der Ergebniskennzahlen beitragen: Die Treiberkennzahlen. Zu den Ergebniskennzahlen gehören die finanziellen Kennzahlen oder die kundenbezogenen Kennzahlen. Die Treiberkennzahlen beschreiben einerseits Wissen, Lernen, Innovation, Investition (Potenzialperspektive) und andererseits die Prozessleistung (interne Prozessperspektive).

Qualität der Prozesse

Strategische und operative Ziele

Ein günstiger Effekt dieser ausgewogenen Beschreibung der Strategie besteht darin, dass dadurch viel klarer und einfacher auf die operativen Ziele geschlossen werden kann, die nötig sind, um die Strategie auch wirklich umzusetzen. Operative Ziele sind alle jene Ziele, die sich im Alltagsgeschäft wieder finden. Sie werden für die wichtigen Prozesse, Projekte und Maßnahmen festgelegt, die ein Unternehmen letztendlich in Schwung halten. Die Herausforderung besteht darin, die operativen Ziele aus der Strategie abzuleiten. Diese Verknüpfung stellt sich als ein sehr nützliches Werkzeug heraus, das dabei hilft, Strategien wirkungsvoll zu realisieren.

Ausgangspunkt dabei bilden die Vision, die Mission und die strategischen Ziele.

Konzept der BSC

Die Balanced Scorecard hat einen vierstufigen Aufbau. Diese vier Perspektiven (Finanzperspektive, Kundenperspektive, Prozessperspektive und Potenzialperspektive) garantieren eine Balance zwischen den Ergebnisgrößen (Finanzen, Kunden) und den Leistungstreibern (Prozesse, Potenziale). Diese Balance ist nötig, da die Strategie damit umfassend beschrieben werden kann.

Um die Perspektiven mit den passenden strategischen Zielen zu befüllen, sind in Bild 42 unterstützende Fragestellungen angeführt.

Die Perspektiven stehen in einem Ursache-Wirkungs-Verhältnis, wobei die oben angeführte Abfolge der Perspektiven unbedingt eingehalten werden sollte.

Es ist allerdings ohne weiteres möglich, die Perspektivenanzahl als auch die Benennungen zu variieren. Dies macht

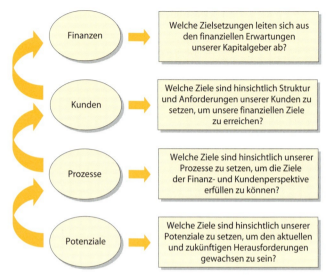

Bild 42: *Perspektiven der BSC*

beispielsweise Sinn, wenn das Unternehmen aus dem „Nonprofit"-Bereich stammt und demgemäß keine stichhaltigen finanziellen Ziele vorweisen muss, um Strategien umzusetzen. In diesen Fällen wird die Finanzperspektive zu einer Ergebnisperspektive oder einer Gesamtperspektive gewandelt.

Wichtig ist diesbezüglich, nur auf eine logische Verkettung der Perspektiven untereinander, im Sinne der Ursache-Wirkungs-Kette, zu achten. So kann eine BSC sehr individuell erstellt werden.

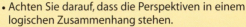
- Achten Sie darauf, dass die Perspektiven in einem logischen Zusammenhang stehen.
- In der Aufbauphase der BSC ist es dienlich, die Perspektiven mit hilfreichen Fragestellungen zu hinterlegen. Diese Fragestellungen sollten unternehmensspezifisch formuliert werden und können im Falle von Unklarheiten auch nachträglich überarbeitet werden.

Ursache-Wirkungs-Kette

Diese Abfolge hat folgende Grundaussage: Die strategischen Ziele der Potenziale sind treibend wirksam für die strategischen Ziele der Prozesse. Diese strategischen Ziele wirken sich auf die Ziele der Kundenperspektive treibend aus. Die strategischen Ziele der Kundenperspektive wiederum sind Ursache für die finanziellen Ziele (Bild 43).

5.2.2 Entwicklung der BSC

WIE GEHE ICH VOR?

Der Aufbau einer BSC lässt sich in folgende Projektphasen gliedern (Bild 44):

Projektorganisation

Achten Sie auf eine ausgewogene Auswahl von Teammitgliedern. Entscheidend ist vor allem die Einbindung der Geschäftsführung. Nur dann ist gewährleistet, dass die Balanced Scorecard tatsächlich zur Anwendung kommt.

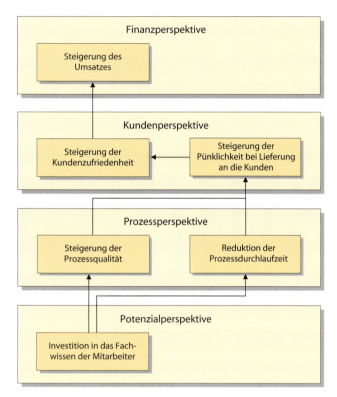

Bild 43: *Ursache-Wirkungs-Kette*

Vision, Mission

Gestalten Sie die Vision und Mission nach den im Abschnitt 3.1.4 getroffenen Empfehlungen. Wichtig ist die Entwicklung der Vision und Mission vor der Erarbeitung einer BSC.

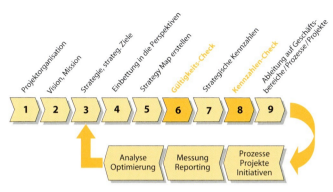

Bild 44: *Projektphasen für den Aufbau der BSC*

Strategie und strategische Ziele

Erarbeiten Sie aus der Vision und der Mission sowie einer SWOT-Analyse die Strategien sowie die strategischen Ziele.

Einbettung der strategischen Ziele

Die strategischen Ziele werden aus den Strategien generiert, indem den vier Perspektiven zugehörige Ziele zugeordnet werden. Die Strategien werden durch einen Filter geschleust, der die Strategie im Lichte einer der vier Perspektiven zu einer strategischen Kennzahl umwandelt (Bild 45).

Strategy Map erstellen

Verbinden Sie jene strategischen Ziele, die eine Ursache-Wirkungs-Kette bilden (Bild 46).

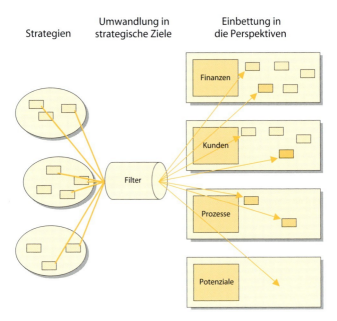

Bild 45: *Vorgehen zur Einbettung der strategischen Ziele*

Gültigkeits-Check

Bild 47 zeigt die Check-Punkte für die Strategy Map.

Strategische Kennzahlen

Die Definition der strategischen Kennzahlen (Bild 48) resultiert aus den strategischen Zielen. Strategische Kennzahlen haben die gleichen Kennzeichen wie jede operative Kennzahl, sie gehorchen dem SMART-Prinzip:

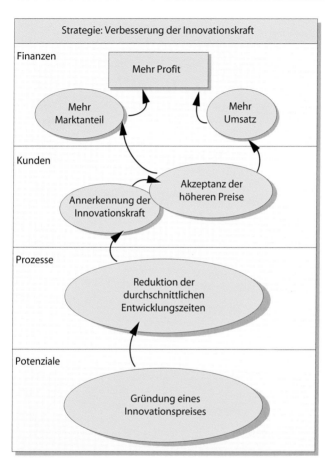

Bild 46: *Beispiel einer Strategy Map*

Überprüfen Sie die Strategy Map

1. Sind die Pfeilverbindungen in der richtigen Richtung eingezeichnet? ✓
2. Sind die Pfeilverbindungen eindeutig, das heißt nur in einer Richtung eingezeichnet? ✓
3. Sind die verwendeten strategischen Ziele verständlich formuliert? ✓
4. Sind alle strategischen Ziele in der Strategy Map in Pfeilverbindungen verwendet? „Singles" werden aussortiert. ✓
5. Ist die Strategie mit den verwendeten strategischen Zielen erfüllt? ✓

Bild 47: *Gültigkeits-Check-Punkte für die Strategy Map*

SMARTe Kennzahlen

- **Spezifisch:** Die Kennzahl muss auf eine bestimmte Ausprägung eines Prozesses oder Produktes oder Projektes ausgerichtet sein.
- **Messbar:** Die Kennzahl muss mit den üblichen unternehmensinternen Messinstrumenten erfassbar sein.
- **Attraktiv:** Die Kennzahl hat erstrebenswert zu sein.
- **Realistisch:** Der Zielwert der Kennzahl muss erreichbar sein.
- **Terminiert:** Kennzahlen haben ein Ablaufdatum und müssen beizeiten überarbeitet werden.

Qualität der Prozesse

Strategisches Ziel	Strategische Kennzahl	Zielwert	Initiative
Reduktion der durchschnittlichen Entwicklungszeiten	Reduktion des arithmetischen Mittels aller „Time-to-Market-Zeiten"	– 15%	Prozessorientierte Gestaltung des Entwicklungsprozesses
Anerkennung der Innovationskraft	Anzahl der Erwähnungen in den Fachmedien im ersten Monat der Erscheinung eines neuen Produktes	50	Verstärkte Kommunikation der Innovationsleistung

Bild 48: *Beispiele strategischer Kennzahlen*

Kennzahlen-Check

Bild 49 zeigt eine Auflistung der Checkpunkt für die Kennzahlen.

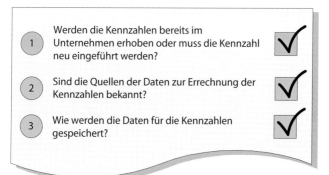

Bild 49: *Checkpunkte für Kennzahlen*

Zuordnung der strategischen Kennzahlen

WORUM GEHT ES?

> **Zuordnung der strategischen Kennzahlen**
>
> Die strategischen Kennzahlen werden den Geschäftsbereichen, Prozessen und Projekten zugeordnet, in denen die strategischen Ziele zur Umsetzung gelangen sollen. Durch ein Reporting-System wird die Balanced Scorecard auf dem aktuellsten Stand hinsichtlich Strategieumsetzung gehalten.

WAS BRINGT ES?

Die Zuordnung der strategischen Kennzahlen zu operativen Bereichen bietet die Möglichkeit, strategisch relevante Projekte, Prozesse und Geschäftsbereiche zu identifizieren. Um es salopp zu formulieren: das Management weiß nun, welche Bereiche zur Umsetzung der Strategie entscheidend sind.

WIE GEHE ICH VOR?

Die Zuordnung der strategischen Kennzahlen verläuft unfallfrei, wenn man die in Bild 50 gezeigte Darstellung nutzt.

Mit der Zuordnung der strategischen Kennzahlen zu Prozessen, Projekten und Abteilungen wird versucht, die Realisierung der strategischen Ziele an die fähigste Stelle zu delegieren. Die Verantwortlichen der betroffenen Prozesse, Projekte und Abteilungen wiederum leiten daraus für sich die geeigneten strategischen Ziele und Kennzahlen ab (Bild 51).

Qualität der Prozesse

Perspektive	Strategische Kennzahl	Zielwert	Zuordnung zu Prozessen, Projekten und Abteilungen	Status
Finanzen	Steigerung des EBT	+ 10%	Controllingabteilung	
	Umsatzsteigerung	+ 5%	Controllingabteilung	
	Steigerung des Marktanteils	+ 3%	Controllingabteilung	
Kunden	Anzahl der Erwähnungen in den Fachmedien im ersten Monat der Erscheinung eines neuen Produktes	50	Prozess „Marke führen"	
	Verkaufszahlsteigerung (impliziert Akzeptanz der Preissteigerung)	+ 10%	Prozess „Absatz steigern"	
Prozesse	Kürzere Time-to-Market-Zeiten	– 15%	Prozess „Produkte entwickeln"	
Potenziale	Anzahl der Bewerbungen für Innovationspreis	12	Projekt „Innovationspreis gewinnen"	

Bild 50: *BSC-Reporting*

Strategische Kennzahl und Zielwert	Prozess	Prozessziel	Messgröße	Zielwert
Verkaufszahlsteigerung um 10%	Absatz steigern	Verbesserung der „Hit-Rate"	Anzahl der Verhandlungen, die zu einem Verkaufsabschluss führen	+ 10%

Bild 51: *Auszug aus einer Tabelle zur Prozessmessung*

5.3 Qualität der Produkte

Die Übersetzung der Kundenforderungen in die Sprache des Unternehmens ist eine herausfordernde Aufgabe. Es ist vor allem darauf zu achten, zuerst den Kunden genau zu verstehen und dann erst die Produktspezifika zu erarbeiten. QFD (Quality Function Deployment) wird dabei als Werkzeug erfolgreich eingesetzt.

WORUM GEHT ES?

> **QFD**
>
> QFD (Quality Function Deployment) ist ein systematisches Kommunikations- und Planungsinstrument, das erstmals in den 1970er Jahren in Japan eingesetzt wurde. Die Methodik besteht aus einer Reihe von aufeinander folgenden kundenorientierten Planungsschritten und dient der Ermittlung der Kundenanforderungen und deren direkter Umsetzung in die notwendigen technischen Lösungen. Die Anwendung von QFD erfordert eine stark teamorientierte Arbeitsweise im Unternehmen, die Unterstützung des Managements ist eine notwendige Voraussetzung. Nicht nur die Mitarbeit der Entwicklungsabteilungen ist zwingend erforderlich, sondern auch die von Marketing/Vertrieb.

Der Zeitaufwand für eine QFD-Veranstaltung darf nicht unterschätzt werden, kann aber für KMU in akzeptablem Rahmen gehalten werden. Die Arbeitsgruppen werden optimalerweise von einem neutralen QFD-Moderator geleitet. Aufgabe des Moderators ist die Einhaltung der QFD-Regeln und die Orientierungshilfe im Einsatz.

WAS BRINGT ES?

- Die Stärke der Methode besteht in der Trennung der Kundenanforderungen (was) von den technischen Lösungsmerkmalen (wie). Diese Vorgehensweise verhindert, dass ohne genaue Kenntnisse der Kundenanforderungen sofort Produktmerkmale festgelegt werden.
- Die Kundenanforderungen werden oft durch einen direkten Kundenkontakt ermittelt („Stimme des Kunden"). Die meist sehr groben, vagen Äußerungen der Kunden müssen aber anschließend in definierte, aussagefähige und weitgehend messbare Kundenanforderungen (Kundenbedürfnisse) umgewandelt werden, ohne sie dabei zu verfälschen. Zur Unterstützung und Dokumentation wird dazu oft die 6-W-Tabelle herangezogen (wer, was, wo, wann, wie viel, warum).
- Kundenanforderungen können direkt in die ersten Planungsschritte für neue Produkte eingebracht werden.
- Durch eingehende Analysen wird das Verstehen der verschiedenen Anforderungen von Kunden, Entwickler, Produzenten, Verkäufer erleichtert.
- Durch frühes Festlegen der für die Qualität des Produktes aus Kundensicht wichtigen und daher für den Verkaufserfolg entscheidenden Produktmerkmale wird punktgenau entwickelt.
- Einheitliche, methodische Kommunikation der Ziele für alle Bereiche, einschließlich einer nachvollziehbaren Dokumentation des gesamten Prozesses.

In drei weiteren QFDs wird die Umsetzung dieser Anforderungen in Produktgestaltung, Fertigung, Dienstleistungen und Prozesskontrolle festgehalten. Das Prinzip ist sehr einfach: Alle ermittelten Lösungsmerkmale werden an das

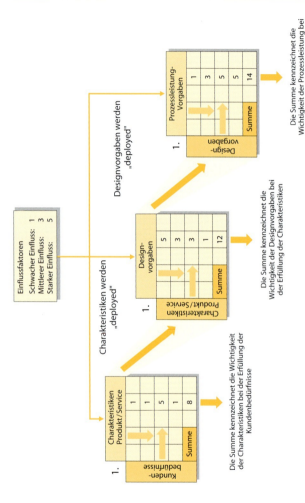

Bild 52: QFD-Kaskade

nächste „QFD", das den nächsten Prozessschritt beschreibt, als eine Anforderung weitergegeben und wieder in einer Matrix mit den dort ermittelten Lösungen verknüpft (Bild 52). Dies ergibt eine Kette oder ein Netz von QFDs. Vorteilhaft ist dann die Weiterführung der Ergebnisse bei Konflikten oder wichtigen Merkmalen mit Hilfe von anderen Qualitätsmethoden wie FMEA.

		Prozess-/Produktanforderungen						
		Schnelles Abheben	Hohe Anzahl beantworteter Anfragen/h	Kurze Bearbeitungszeit pro Kunde	Kurze Zeit bis zum Rückruf	Geringste Abweichung von Servicevereinbarung	Gewichtung	Ergebnis Kundenanforderungen
	First Level	Second Level						
Kundenforderungen	Freundliche Mitarbeiter	Bereitschaft Fragen zu beantworten	○	△	●			3	39
		Zuvorkommende Art	○	●		●		2	42
	Geschwindigkeit	Hält Serviceversprechen ein	△				●	4	40
		Geringe Responsetime bei Fragen	●					5	45
	Ergebnis Prozess-/Produktanforderungen		16	10	9	9	9		

Beziehungsstärken
9 ● Starke Beziehung
3 ○ Mittlere Beziehung
1 △ Geringe Beziehung

Bild 53: *QFD-Formular*

WIE GEHE ICH VOR?

Wenn Sie ein QFD-Formular (Bild 53) ausfüllen, gehen Sie wie folgt vor:

▶ Schritt 1: Kundenforderungen und deren Priorität in die „First-Level-Spalte" (erste Bearbeitungsebene) eintragen.
▶ Schritt 2: Im „Second Level" (zweite Bearbeitungsebene) werden die Kundenforderungen spezifiziert.

- Schritt 3: Wie sollen die Kundenwünsche erfüllt werden? – Beschreibung der Anforderungen an Prozesse und Produkte.
- Schritt 4: Die Kundenforderungen werden durch Gewichtung untereinander in eine Wichtigkeitshierarchie gestellt.
- Schritt 5: Die Beziehungsstärke zwischen den Kundenforderungen und den Prozess-/Produktanforderungen wird durch Zahlenwerte bzw. Symbole ausgedrückt, in diesem Beispiel bedeutet 9 eine starke Beziehung, 3 eine mittlere Beziehung und 1 drückt eine geringe Beziehung aus.
- Schritt 6: Addieren der einzelnen Beziehungsstärken und Multiplikation der Summen mit der zugehörigen Gewichtung.
- Das Ergebnis „Kundenforderungen" liefert nun eine Aussage über die hierarchische Abstufung der Kundenforderungen. In obigem Beispiel wird die geringe Responsezeit als wichtigstes Kriterium für Kundenzufriedenheit erachtet.
- Das Ergebnis „Prozess-/Produktanforderung" liefert eine Aussage über jene Anforderungen, die für die Kundenforderung am wichtigsten sind. In obigem Beispiel ist das schnelle Abheben die wichtigste Prozessanforderung, um die geringe Responsezeit zu erreichen.

Literatur

Alle Pocket-Power-Bände, siehe innere Umschlagseiten.

Bleicher, K.: Organisation: Strategien – Strukturen – Kulturen, 2., vollständig neu bearb. und erw. Aufl., Gabler, Wiesbaden 1991

Brauer, J.: DIN EN ISO 9001:2000 ff. umsetzen, Hanser, München/Wien 2002

Brunner, F.J./Wagner, K.: TQM, Taschenbuch Qualitätsmanagement, 3., überarb. Aufl., Hanser, München/Wien 2004

Deming, W.E.: Out of the crisis, Massachusetts Institute of Technology, Massachusetts, USA, 1986

Frank, R.: ISO/TS 16949:2002 umsetzen, Hanser, München/Wien 2004

Friedag, H.R./Schmidt, W.: Balanced Scorecard at work: strategisch – taktisch – operativ, Haufe, Freiburg im Breisgau 2003

Garvin, D.A: What does Product Quality really mean? Sloan Management Review, 1984

Gietl, G./Lobinger, W.: Qualitätaudit, Hanser, München/Wien 2003

Glasl, F.: Konfliktmanagement. Ein Handbuch für Führungskräfte, Beraterinnen und Berater, 6., erg. Aufl., Haupt, Bern 1999

Hemmrich, A./Harrant, H.: Projektmanagement, Hanser, München/Wien 2002

Hitt, M.A./Ireland, R.D./Hoskisson, R.E.: Strategic Management: Competitiveness and Globalization. 3. Aufl., South-Western College Publishing, Mason, Ohio, 1999

Kamiske, G.F./Brauer, J.-P.: Qualitätsmanagement von A bis Z, 4., aktualisierte und erg. Aufl., Hanser, München/Wien 2003

Kaplan, R. S./Norton, D. P.: Balanced Scorecard, HBS, 1996

Kaplan, R. S./Norton, D. P.: Balanced Scorecard-Strategien erfolgreich umsetzen, aus dem Amerikanischen von Péter Horváth, Schäffer-Poeschel, Stuttgart 1997

Kotter, J. P.: Leading Change, Harvard Business School Press, 2000.

Loos, S.: QS-9000 und VDA 6.1, Hanser, München/Wien 1998

Mintzberg, H.: Die strategische Planung – Aufstieg, Niedergang und Neubestimmung, Hanser, München/Wien 1995

Literatur

Pfeifer, T.: Qualitätsmanagement, 3., völlig überarb. und erw. Aufl., Hanser, München/Wien 2001

Theden, P./Colsman, H.: Qualitätstechniken, 4. Auflage, Hanser, München/Wien 2005

Wagner, K.: PQM: Prozessorientiertes Qualitätsmanagement, 3., überarb. Aufl., Hanser, München/Wien 2005

Seminare, Lehrgänge und Tagungen

- Unternehmensführung und Servicequalität
- Qualitätsmanagement
- Gesundheitswesen und Lebensqualität
- Medizinprodukte
- Produktsicherheit
- Patente und Normen
- Bauwesen
- Umwelt – Arbeitsschutz
- Oberflächentechnik

LGA TrainConsult GmbH
Trainings- und Fortbildungszentrum
Tillystr. 2, 90431 Nürnberg
Tel. (0911) 6 55-49 61
Fax (0911) 6 55-49 69
seminare@lga.de

Wissen, Praxis, Ihr Erfolg!

www.seminare.lga.de

procon
UNTERNEHMENSBERATUNG

Procon geht mit Ihnen den richtigen Weg:

- ▶ Qualitätsmanagement
- ▶ Prozessmanagement
- ▶ Projektmanagement
- ▶ Strategieentwicklung
- ▶ Produktivitätssteigerung

Wir finden Wege.

Sichern Sie sich
den entscheidenden Vorsprung!

www.procon.at
A-1190 Wien, Saarplatz 17